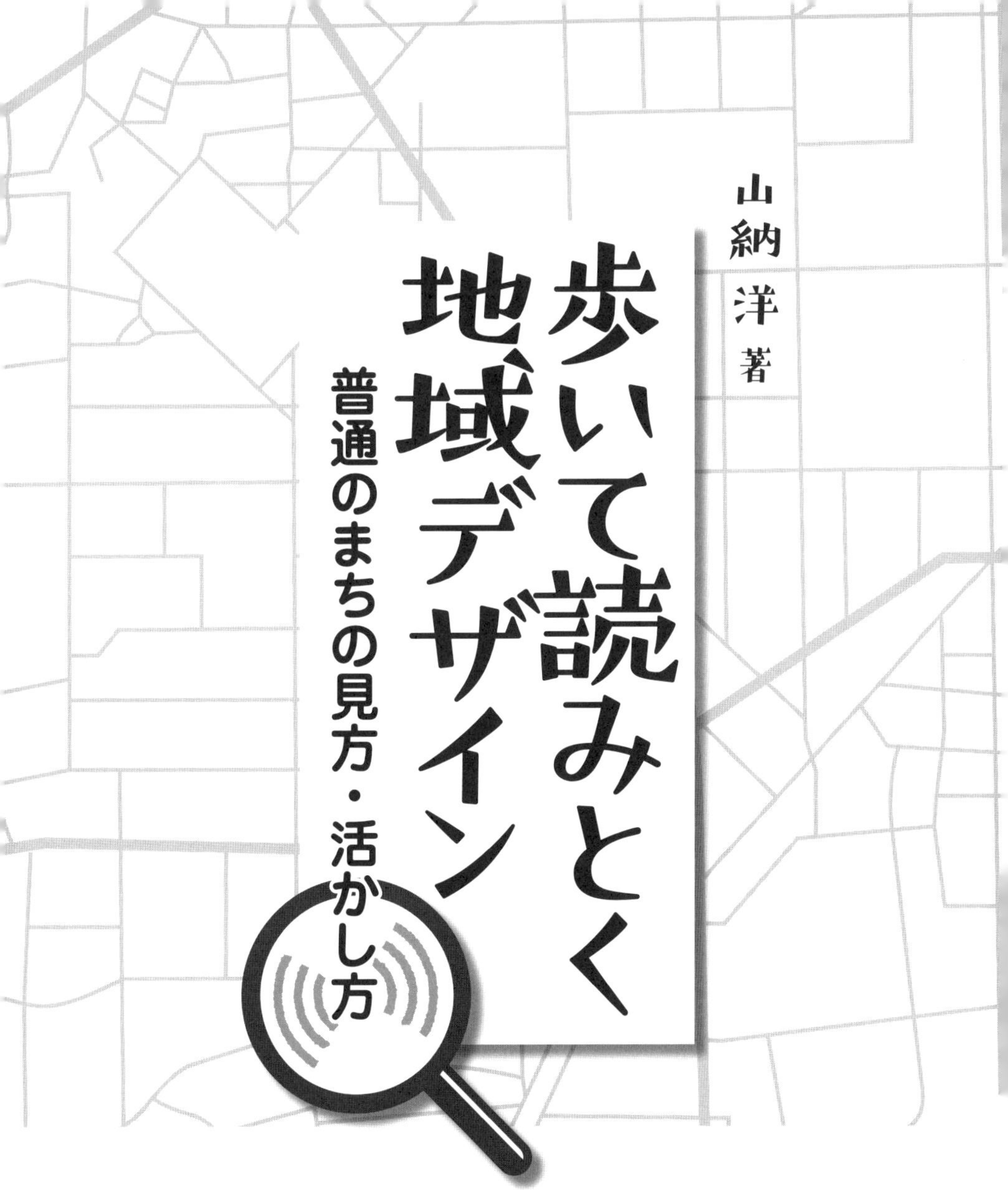

山納洋 著

歩いて読みとく地域デザイン

普通のまちの見方・活かし方

学芸出版社

はじめに

僕は２０１４年に「Walkin' About」というまちあるき企画を始めました。これは、参加者の方々にある街を90分間自由に歩いていただき、その後に再集合してそれぞれが得た見聞をシェアするというものです。

そもそもなぜ、こんなスタイルのまちあるきを始めたのか、ですが…

僕自身は、ガイドの方の説明を受けながら決められたコースを歩く一般的なスタイルのまちあるきが好きではありません。なぜかというと、情報を教わりながら歩くと、まちに対する感度が落ちてしまうからです。できれば何も教わらずに知らない街に繰り出し、自分なりの方法でまちと出会いたいのです。そんな風に考えるのは、僕だけではないはず。〝案内しないまちあるき〟というWalkin' Aboutのスタイルは、そういう発想から生まれました。

僕らが訪ねてきたまちの多くは、各駅停車しか止まらず、特別なものは何もないと思われている場所です。そんな場所でも、行くと必ず何らかの発見があります。それは美味しそうなパン屋さんやいい感じの呑み屋、歴史的価値のありそうな建物や不思議な構造物だったりしますが、そのまちでの暮らしに想像力を働かせつつ観察を深めていくと、「このまちにはどんな歴史があったか」「今はどんな状況なのか」「将来このまちはどうなりそうか」といったことが見えてきます。

Walkin' Aboutでは、これまでに関西の都心近郊を60ヶ所ほど巡ってきました。そうして参加者の気づきを共有し続けているうちに、僕らの〝まちのリテラシー〟はどんどん上がっていきました。

リテラシーとは「読み書き能力」という意味ですが、ここでは「まちのここがこうなっているのはこういう理由からである」「ここを見ればまちの歴史や現状がわかる」といった、まちを深く知るために有効な基礎知識という意味で使っています。

ＮＨＫの「ブラタモリ」を観ていると、ある土地の歴史的痕跡について、それぞれの土地の歴史に詳しい専門家の方々が問題を出し、博識なタモリさんが「お見事！」に正解を出すというパターンになっていますが、このことは、まちのリテラシーを高めていけば、その土地固有の歴史を知らなくても、目の前にある「？」の理由が推察できるようになる、ということを示しているように思います。

これからご紹介しようとしているのは、この〝まちのリテラシー〟です。

こうしたリテラシーを得れば、まちあるきは作り手の手口を読みとく探偵のような知的な営みに変わります。おそらくどんなまちに行っても、面白い切り口を見つけることができるでしょう。そしてさらに、今度はみずからが作り手になる、つまり新たにまちを創っていくための糸口を見つけることもできるはずです。

そんなゴールを目指してこの本をお届けします。最後までよろしくお付き合いください。

目次

第3章 【製造・物流業】から読みとく 43

第6章 【駅前】から読みとく　109

第7章 【都市計画】から読みとく 131

第8章 【災害】から読みとく 161

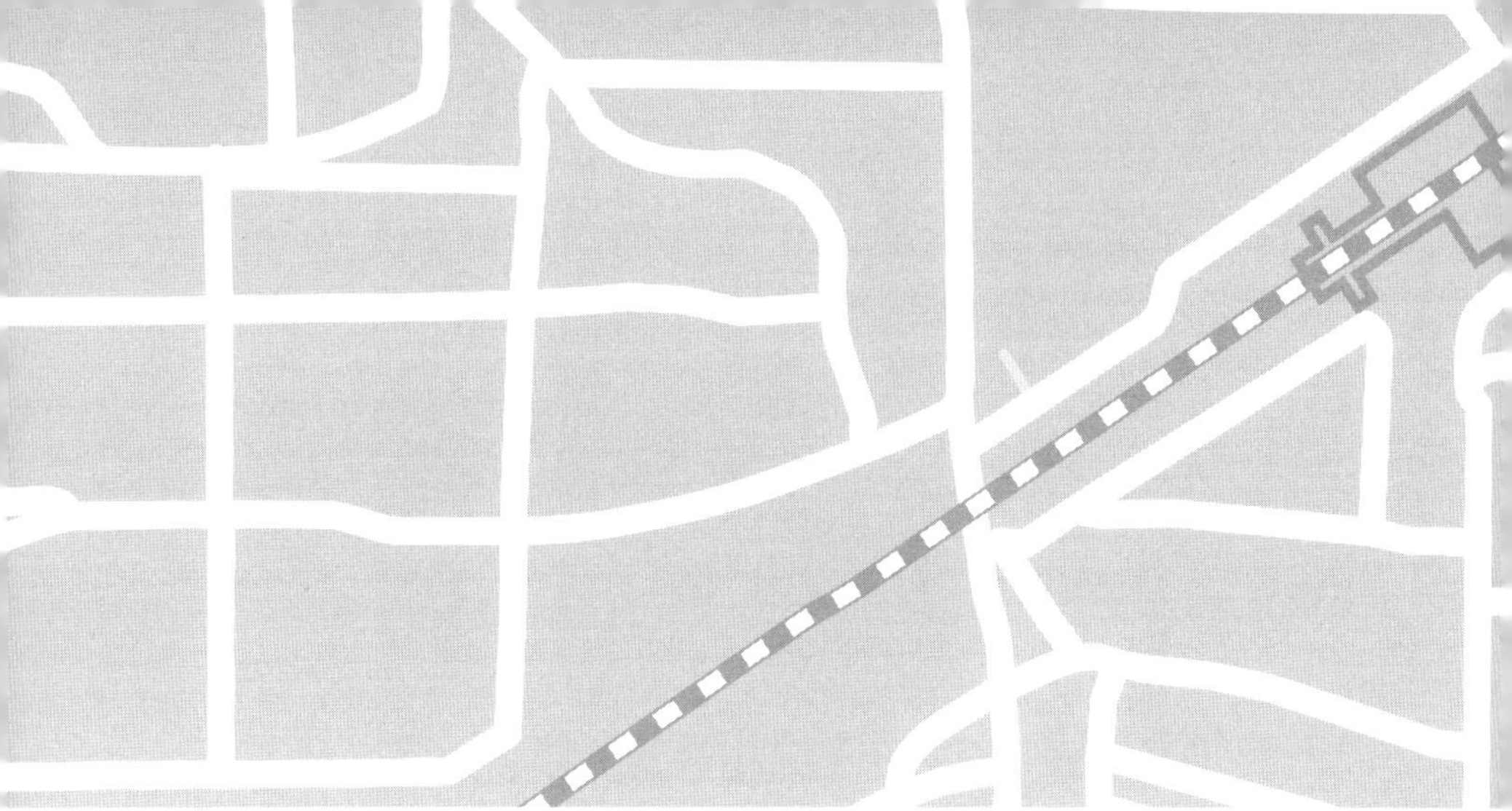

第 1 章
「まちのリテラシー」を高める

写真１

1　まち観察企画「Walkin' About」

Walkin' About は、参加いただくみなさんに、思い思いのコースをたどっていただくまちあるきです（写真１）。参加者の方々には、ある町の駅の改札などに集合いただき、簡単にエリアの説明をした後に解散。そこから90分間自由にまちを歩いていただきます。一人で歩いても、何人かで歩いても、歩かずに喫茶店や居酒屋に行ってもＯＫで、90分後に再集合し、喫茶店などでそれぞれの見聞や体験を発表いただきます。

この企画は、グランフロント大阪内にある大阪ガス（株）エネルギー・文化研究所・都市魅力研究室の企画として２０１４年に始まりました。その目的をひとことで言うと「まちのリサーチ」です。そこがどういう街なのか、どんな歴史があり、今はどんな状態で、これからどうなりそうかを、まちを歩きながら、まちの人に話を聞きながら探っています。僕は事前に情報収集を行い、みなさんの発表をもとにレポートを作成して、参加者やその地域の自治体の方々にフィードバックしています。

Walkin' About が面白いのは、参加者の満足度がかならず高いことです。これはこの企画自体が「面白い、興味深い発見をしてきた人が勝ち」というゲームのようなものなので、原理的に「面白くなかった」と言えないからです。

こう書くと恐ろしいですね。でも、まちを観るための方法は、誰もが何かしら持っています。名所旧跡や名店を訪ねるという観光の目線でもいいし、このまちで暮らすと便利かどうかという生活者の目線でもいい。また、このお店にはどんなお客さんが来るだろうかというマーケティング的目線や、どういう意図でこういうデザインにしたのかというプランナー目線を持って歩いてみると、今まで気づかなかったまちの新たな側面が見えてきます。

一人で街を歩くよりも、またガイドされてみんなで歩くよりも楽しく、かつ発見が多いというのが、この企画のポイントです。リピートして参加いただく方も多くなり、最近はサークルのようになってきています。

■これまでに実施した場所

八幡屋・築港・三国・松屋町・上本町・木津卸売市場・美章園・野田・北野・西九条（大阪市）
住道・野崎・鴻池新田・四条畷（大東市）　尾崎（阪南市）　庄内（豊中市）　茨木（茨木市）
吹田（吹田市）　瓢箪山（東大阪市）　藤井寺（藤井寺市）　高槻（高槻市）　枚方（枚方市）　深井・堺東（堺市）
古川橋（門真市）　新開地・和田岬・三ノ宮・神戸港（神戸市）
船坂・甲子園（西宮市）　川西能勢口（川西市）　姫路（姫路市）　高砂（高砂市）
三田（三田市）　小林・逆瀬川（宝塚市）　園田・立花・塚口（尼崎市）　伊丹（伊丹市）
明石（明石市）　中書島・河原町・桂・京都駅（京都市）　大山崎（大山崎町）
草津・南草津（草津市）　王寺（王寺町）

それぞれの参加者の方々は、90分の間に以下のようなアプローチをされています。

- 地図を見て気になった場所に行ってみる
- 昔の地図を見て、今と変わっている場所、変わっていない場所を見にいく
- 神社・お寺・祠・お地蔵さんなど、昔からの信仰の対象を見る
- 商店街やスーパーに行き、何が売られているかを見る
- お店や公園など、自分好みの場所を探してくる
- 知り合いのおススメの場所を聞いて行ってみる
- 喫茶店・呑み屋などで、そこでしか聞けない話を聞いてくる
- そこに引っ越すとして、買い物、銀行、病院などの利便性を調べる
- 自分の専門分野・仕事の目線から見る

その人がどんな関心を持っているかによって、全然違うまちの見方を獲得できる。それがWalkin' Aboutの醍醐味なのです。

2 芝居を観るように、まちを観る

僕はWalkin' About参加者の方々に〝芝居を観るように、まちを観る〟というイメージをお伝えしています。

芝居（演劇）では、あるシチュエーションのもと、登場人物が会話を交わします。そこがどんな場所なのか、彼らは誰で、何をしている人なのかは、幕が上がった時点では十分には示されていません。物語が進んでいくうちに、登場人物の会話ややり取り、舞台上で起こる事件などから、当初謎だったさまざまな事柄がだんだん

と明らかになっていきます。私たちは観客の立場で、その謎を解き明かすゲームに参加することになります。芝居において、この謎をつかさどっているのは脚本家であり、演出家です。どのタイミングでどんな風に謎を開示していくかを工夫することで、観客を作品世界にいざない、魅了していくのです。

僕が「芝居を観るように、まちを観る」と言っているのは、この「謎」への接し方のことです。まちを歩いていると、芝居と同じように、目の前にさまざまな謎が立ち現れます。たとえばそれは、「この駅前はなぜこんな形をしているんだろう？」「このお店では誰が買い物をしているんだろう？」「このマンションはどうしてここに建っているんだろう？」といったものです。その時に近くのお店で尋ねてみたり、ネットで調べてみたりすると、そのまちの新たな側面が明らかになってきます。芝居と違うのは、ただ座っているだけで謎が解明されることはなく、こちらからまちに対して何らかの働きかけをしないと謎のままで終わる、ということです。

そしてこの謎は時として、「なぜこのまちはこんな風にデザインされたんだろう？」というように、作り手の意図に向けられます。〝まちの脚本家や演出家〟はなぜこんな作品を作ったのだろう、と。

芝居に通じていて、その良し悪しを見分ける能力を持っている人を「見巧者《みごうしゃ》」といいます。彼らは作り手の意図を読みとくことに長けています。脚本家はなぜこんな設定にしたのか、なぜこんな人物を登場させたのか、なぜ彼にこんなことを言わせたのか、そしてそれらの意図が作品を成立させることができたのかを見ているのです。

まちを読みとく作業もこれに似ています。誰かが作ったもの、そこで行われている営みを注意深く観察することで、その意図を読みとくことは、芝居の伏線を読みとくのに似た知的な作業です。

まちには現在だけでなく、過去のさまざまな時代に作られた建物や区画や構造物が複層的に残されています。その背後にはさまざまな時代の作り手が、それぞれの時代に凝らした意図が存在しています。芝居を読みとく

写真2

ように、複数の時代にまたがった数々の意図を読みとくためには、僕らが今持っている知識だけでは足りず、50年前、１００年前、４００年前の知識を動員する必要があります。

Walkin' Aboutでは、この「まちヨミ」のためのリテラシーを共有してきました。今回それを一冊にまとめることにしたのです。

「まちの見巧者」に必要なのは、教わるよりもみずから謎を見つけ、それを解き明かすために旅をする能力とバイタリティです。なので、この本では教えるというよりは、ごく基本的なリテラシーについてお伝えしつつ、まちやまちの作り手に対してどんな感受性を働かせることができるのかという「構え」をお伝したいと思っています。

では、この「まちヨミ」とはどういうことかを、具体的にご説明しましょう。

写真2に写っているのは、京都市伏見区深草の藤森駅の近くにある銭湯です。名前を「軍人湯」といい

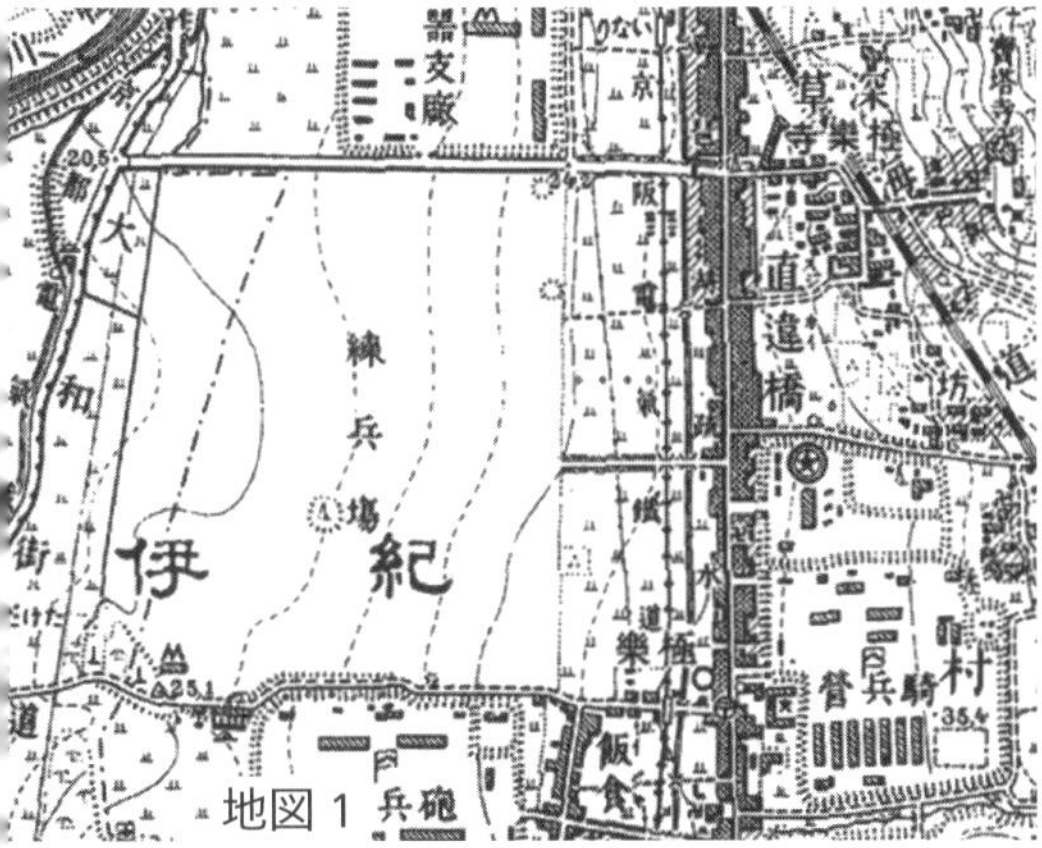

地図1

出典：国土地理院地図　1/20,000 地形図「京都南部」（明治 42 年測図・大正 1.8.15 発行）

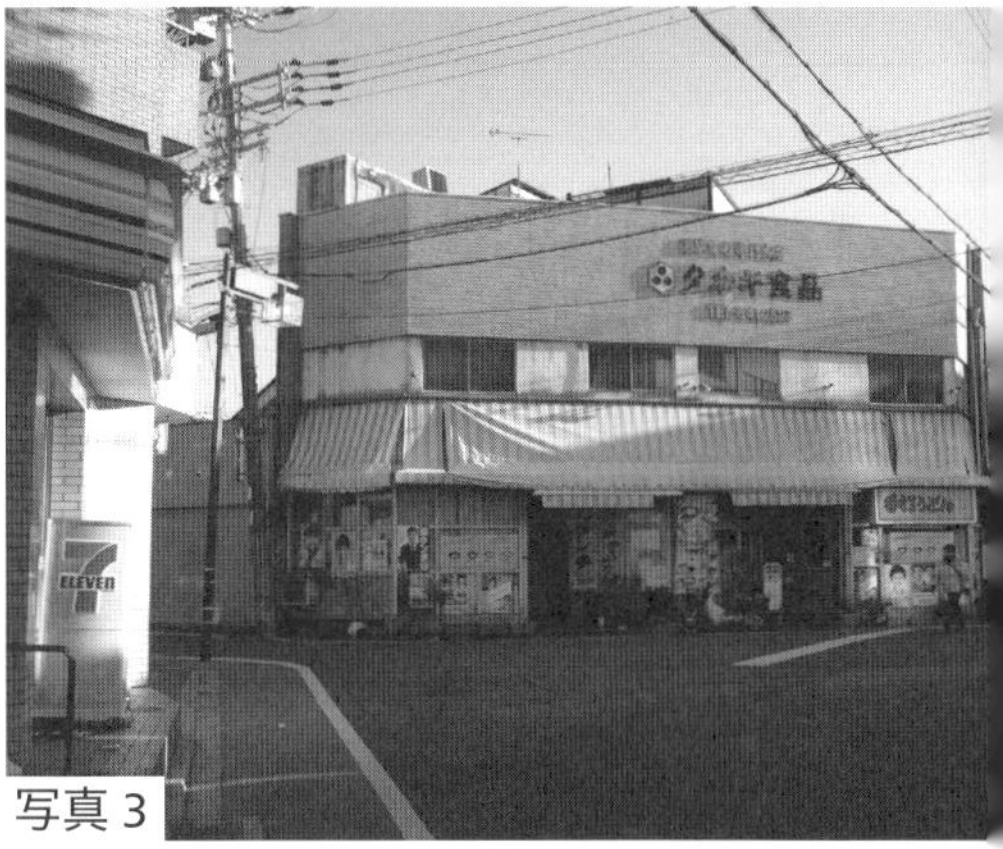

写真3

ます。

　この風景に出くわしたら、「なぜ軍人湯？」と思いますよね。そして「いつからここにあるんだろう？」と問いを進めるかも知れません。

　僕はこの銭湯を初めて見かけた時に、そばにあるうどん屋（**写真3**）に入り、店主にその謎をぶつけてみました。そこで、この銭湯のすぐ北にある京都聖母女学院は、かつては陸軍第十六師団司令本部で、この界隈には軍人さんが多かったことを知りました。このうどん屋の前のT字路の角は大きく隅切りをしていますが、これは戦車が曲がれるように切ったものなのだそうです。

　調べてみると、この銭湯の創業は大正時代であること、京阪電鉄の線路の西側にある龍谷大学・警察学校は元練兵場（**地図1**）で、その東側の道路は師団街道という名前であることなどが分かります。おそらく太平洋戦争に出征した多くの兵士が、さまざまな思いを抱えてこの銭湯に通っていたのでしょう。

　次の例は大阪府豊中市の庄内にある木造賃貸アパートです。**写真4**を見た時には「なぜこんなにエアコンが？」と思うことでしょう。そしてよく見ると、窓にはサッシが入っています。

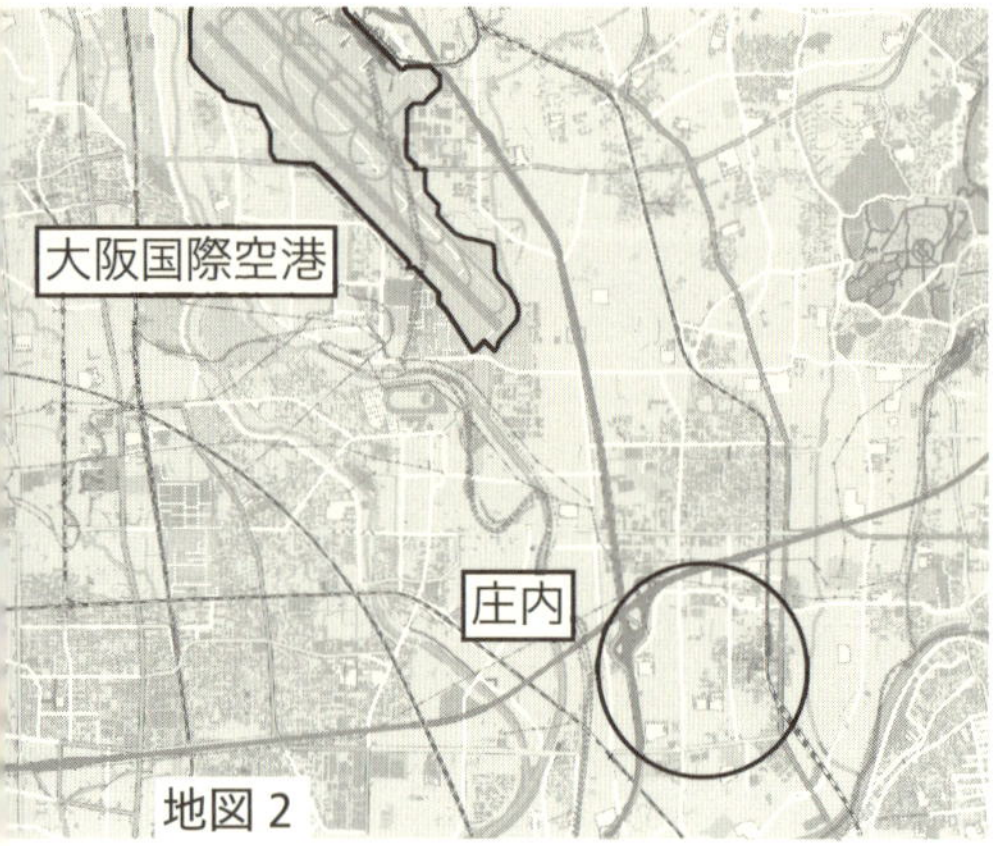

地図 2

写真 4

タネを明かすと、庄内のまちは大阪国際空港のすぐ近くにあり(地図2)、周辺の航空機騒音が著しい区域として認定されていて、1982年(昭和57年)以前に建てられた住宅については、防音サッシの設置や壁・天井の改修やエアコン・換気扇等の設置にかかる費用が自治体から助成されているのです。だからこんな風景が生まれるんですね。

庄内でのWalkin' Aboutでは、駅のそばで1951年(昭和26年)からやっている立呑み屋の主人からこんな話を聞きました。

> 飛行機は昔はもっとうるさかった。関西国際空港ができるまでは便数も多く5分に1回は飛んでいた。不思議なものでドラマを観ていると音は聞こえていないはずなのに筋は分かった。

まちを歩き、まちで出会ったものから受けた「?」をもとに調べたり、まちの人に話を聞いたりしているうちに、そこにあるドラマが見えてきたり、書こうと思っても思いつかないような秀逸なセリフに出会ったりします。「芝居を観るように、まちを観る」ことは、まちで暮らす人々の生活の目線からまちを見つめ直す、という営みでもあるのです。

3 作り手の視点、受け手の視点

この〝芝居を観るように、まちを観る〟を、もう一歩進めてみましょう。

芝居＝ドラマのベースには、〝葛藤〟があります。それは例えば、お互いに好き合っているのにすれ違い続けるとか、主人公が失敗や挫折によって大いに苦悩するといったもので、この〝葛藤〟があってこそ、観客は登場人物に共感し、作品世界に惹き込まれていきます。

まちに出かけていき、観察をしていると、人々の〝葛藤〟にしばしば出会います。それはたとえば、工場の移転によって呑み屋が常連客を失った、年を取って駅前のマンションに移りたいのに移れない、といったことです。喫茶店や呑み屋の店主やお客さんとの会話を通じて、僕らはこうした葛藤の存在に気づきます。

また、誰かが良かれと考えて作ったものが、誰かにとってはこれまでの生活を大きく変える結果になることによる様々な葛藤もまちには存在します。区画整理で長年住んだ家を出てよそに移らないといけなくなった、といった話です。

さらに、現在の誰かではない、数十年、数百年前に誰かの意図や時代の必然によって生み出されたものが、いつしか時代遅れになり、多くの人に忘れられつつもまちに残されているというものもあります。特にかつての繁栄を背景に、大きな投資をともなって作られたものが、時の流れとともにその必然性を失い、アイロニカルに存在しているということがあります。時代の変化が葛藤を生み出しているのです。

まちにおいては、風景や人々の営みへの愛着、アイデンティティや信念から今の姿を留めようとする力と、環境の変化や経済的、経年的、政治的な理由からその姿を変えようとする力という、相反する二つの力が随所に働いています。

実際にハードを更新するには大きな投資やエネルギーを伴うために今の姿を留めていますが、変わらないように見えていても内側に潜在力を貯め込んでいることもあります。そして建物が老朽化して物理的限界が近づくとか、災害が起こるとか、開発に意欲的な人がいるといった場合には、まちは一気に変わることがあります。

〝芝居を観るように、まちを観る〟とは、作り手や開発者の視点を知り、まちに働く諸力を理解するとともに、受け手や生活者の視点に立ってまちのあるべき姿をとらえ直すことでもあります。

いま目の前にある建物や商店や住宅や道路などを観たときに、それ自体の美しさや面白さを味わうだけでなく、その背景にあった必然や意図、それが実現したことによって生み出されたドラマに思いを巡らせるというのが、僕らがWalkin' Aboutを通じて行っている「マチよみ」の基本スタンスなのです。

それでは次章から、まちを読みとくための数々のリテラシーについて紹介していきます。なお、この本の原稿を最終的に書き上げたのがハーバード大学ケネディスクールでのフェロー滞在中だったことから、アメリカ・マサチューセッツ州の事例をいくらか散りばめています。あらかじめお含みください。

第 2 章

【農業】から読みとく

1 残された旧家
「昔からそこにあるもの」からわかること

まず、**写真1**をご覧ください。昔からの大きな日本家屋が1軒だけポツンと残されています。

こういう風景は、都市化された地域のあちこちで見られます。おそらく100年前は周り一面が田んぼだったのでしょう。そして周りの土地は、この家の当主が代々受け継いできた土地だったのでしょう。そしてある時期に田んぼをつぶしてマンションを建て、庭の一部を駐車場に変えていったのでしょう。

次の**写真2**は、大阪府茨木市にある、同じく取り残された旧家です。すぐ近くにJR茨木駅があり、また前に府道が通ったことで、周りは開発され尽くしています。

明治初期の地図を見てみると、かつての集落は結構小さかった、ということに気づきます。今は住宅地化している土地の多くは、当時は田畑や山林や湿地などの姿をしていました。

写真２

これらの家が建っていた農村にドラスティックな風景の変化をもたらしたのは、都市化の力です。日本の人口は、１８７２年(明治５年)には３５００万人、いまの４分の１近くでした。その後４倍に増えた人たちのための空間がこの国では必要になっています。そのために、かつては田畑だった場所を中心に開発していったのです。

都市化の波をかぶった地域では、ある時代に大きな決断をしたはずです。それは例えば、先祖から受け継いだ建物と庭を残そうという決断、周りの田畑を駐車場やマンションに変えようという決断、そしてその土地の上に、より今っぽい家を建てようという決断です。今そこにあるものは、どういう決断を通じて今のようになったのか、そこを推察していくとドラマが見えてくるのです。

まちにはこのように、古さ、築年数の異なる建物が混在していますが、昔からずっとそこにあるものに注目すると、そのまちが見えやすくなります。古い民家、地蔵、水路、大きく育った木、路傍に大きな石があるところは、おそらく50年、１００年前にも集落だったと推測されます。そのそばにアパートやマンションなどが建っている場合には、かつてそこには田畑か大きな屋敷などがあったのでしょう。

写真3

2 カーブした道
旧集落の名残は人にやさしい

写真3は兵庫県尼崎市水堂町の住宅街です。松の木が植えられた立派な庭のある家が見えますが、ここではその前の道がゆるやかに曲がっていることに注目します。

住宅地の中にはこのように、昔からの集落が取り込まれるように残っている場所があります。旧集落とか旧村《きゅうそん》と呼んだりします。分かりやすい特徴としては、お寺や神社、お地蔵さんや祠があったり、道がゆるやかに曲がっている、道が細く車が通りにくいといったことがあります。これは土地や道の区割りが江戸時代から変わらずそのまま残されている、ということです。

１９０９年（明治42年）の地図1を見てみると、田んぼに囲まれた水堂の集落が見えます。当時の道は水路に沿って作られているのが分かります。水路は地形の微妙な高低差を反映して時に曲流しますが、

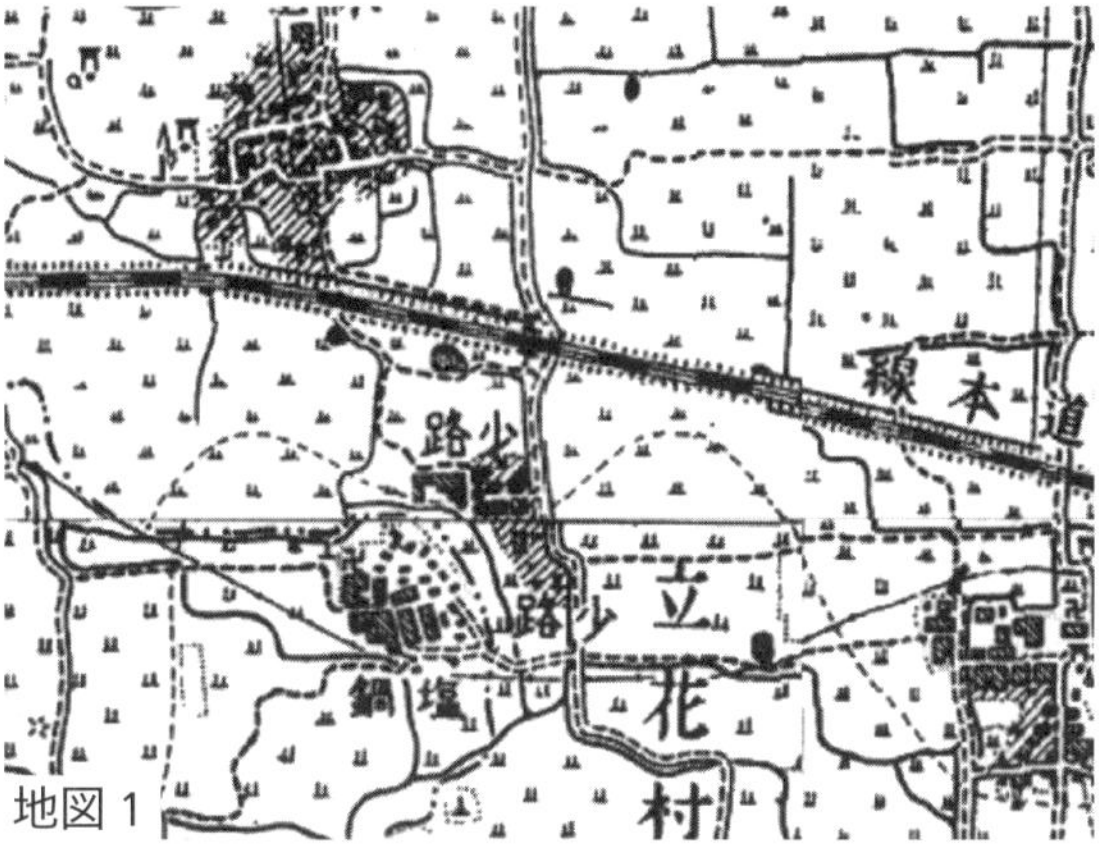

地図1

出典：国土地理院地図　1/20000「西ノ宮」(明治42年測図・明治44.9.30発行)

その流れに沿って道ができています。水路や道をまっすぐにするためには、土地をならす必要がありますが、重機などがない時代にはそれは大変な作業でした。そのためにゆるやかにカーブしているのでしょう。

なぜ旧集落に注目するのか？　それはそこが、地域のコミュニティのありようを考える上で重要だからです。もともと地域に暮らしてきた人たち（旧住民）と、新しく建てられた住宅やマンションに越してきた人たち（新住民）の間でコミュニティが分断していることがよくあります。そして旧集落に残されている地域の歴史を新住民が共有することは、コミュニティ形成のための重要な接点になり得るのです。

余談ですが、あとでご紹介するクリストファー・アレクザンダー氏の『パタン・ランゲージ』という本では、人が心地良く感じる風景として「ループした近隣の道」というパターンが挙げられています。その理由は〝車がスピードを出せないから〟。

日本の旧集落の「カーブした道」にはそういう意図はなかったと思いますが、結果として歩行者に優しい構造になっていたんですね。

出典：奈良県大和郡山市安堵町空中写真（国土地理院 2008 年撮影）

3 まっすぐな道

意図があるからまっすぐになる

写真４は国土地理院撮影の奈良県大和郡山市安堵町の空中写真です。正方形の区画がベースにあり、その中を短冊状に割るように農地や住宅が形成されているのが分かります。これは奈良時代に敷かれた条里制の遺構です。

さきほどの「カーブした道」とは逆で、まっすぐな道からは、誰かが〝まっすぐにしよう！〟という意図や計画を持っていた、ということが分かります。

この区画は一辺が１０９ｍ（１町）あります。奈良時代に班田収授法といって、戸籍・計帳に基づいて人民に田を支給し、そこでの収穫から租（税）を徴収する制度が敷かれました。条里制の区画はそのために整備された、と多くの人は学校で習ったと思いますが、実は条里制区画は班田収授法が崩れかけた８世紀中ごろに完成しています。私領が増えてきたことで、かえって土地の帰属をはっきりさせる必要に

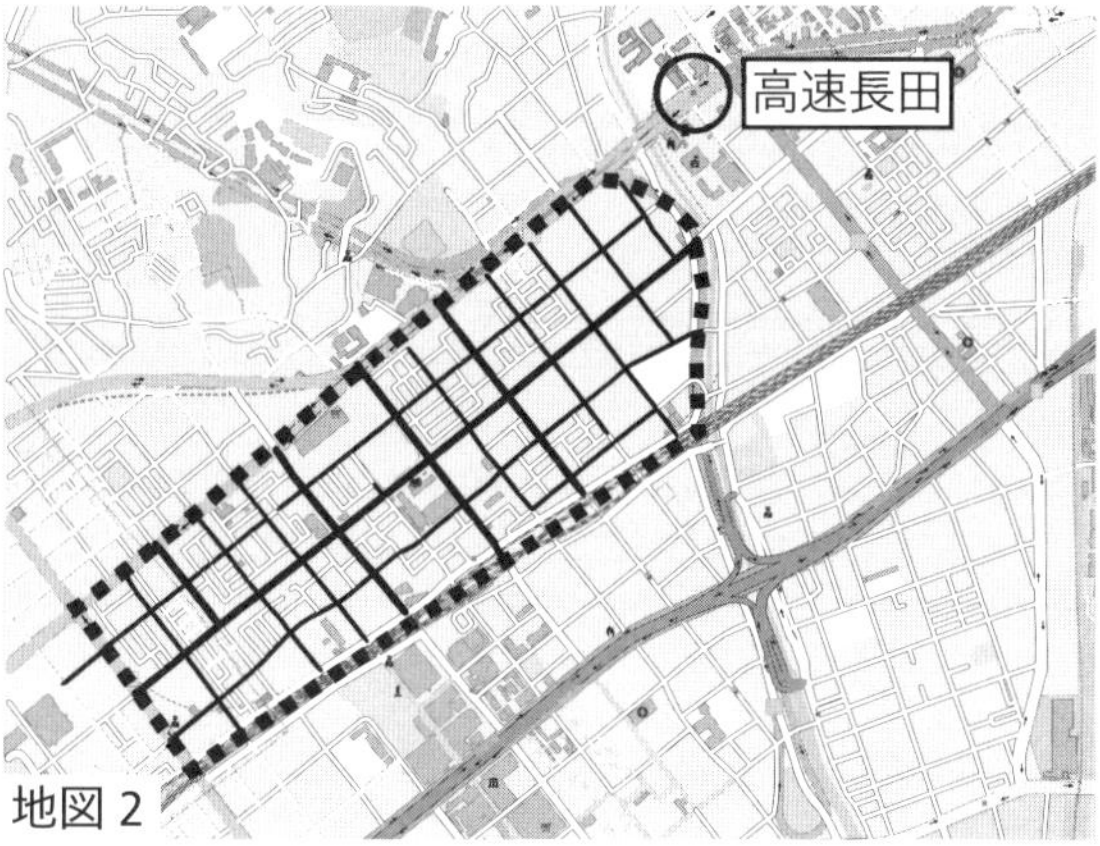

地図 2

© OpenStreetMap contributors

迫られたのでしょう。いずれにしても、計画性を持ち、大量の労働力を費やして大規模な工事を行ったからこそ築き上げることができたことには変わりはなさそうです。そしてこの地割はその後、道路や水路の方向、ため池の形など、その後の土地利用を強く規定し続けました。

明治30年代には、のちほど紹介する耕地整理によって各地で農地区画を整備しましたが、条里制の遺構が残っていた西日本の多くではそれをそのまま踏襲しています。

地図2は神戸市長田区の一部をピックアップしていますが、高速長田駅の南西側の区画が正方形になっているのが分かりますね。この地域は既成市街地の縁辺部に当たっていたため、ゆくゆくは住宅地に変わるであろうことを想定しつつ、耕地整理事業として区画の整備を行っています。

ここで大事なポイントは、計画的な区画を作ろうという意志が先に働いたか、それとも計画性を持たないままになし崩しに土地を拓いてしまったかで、あとあとの仕事が大きく変わってしまう、ということです。まさか奈良時代にこれを作った人が、こんなに使い倒されるとは思わなかったでしょうが…。

写真5

4 中世の文脈
自治の歴史を示すモノ

京都市伏見区の竹田小学校の前に、こんな風に縄が架けてある場所があります。もともとは背の高い2本のクスノキだったのですが、今では老朽化して、上の方が切り落とされてしまっています。

これは「道《みち》切《き》り」と呼ばれる、村の出入り口にあたる道や辻で行われる民俗習慣です。

かつては村の境には古くから魔や疫病を流行らせる神が出入りすると考えられ、出入口にあたる道には魔を防いだり、道祖神が祀られたり、しめ縄を張ったり、草履《ぞうり》や草鞋《わらじ》を供えたりしていました。滋賀県東近江市の農村地域では、村境や辻、寺社の境内などにしめ縄を渡す「勧請縄」という行事が今でも多く行われています。

写真5の場所は東竹田村の北側の入口にあたる場所で、近くを竹田街道が通っていたことから、こうした風習が残されていたのでしょう。

写真６

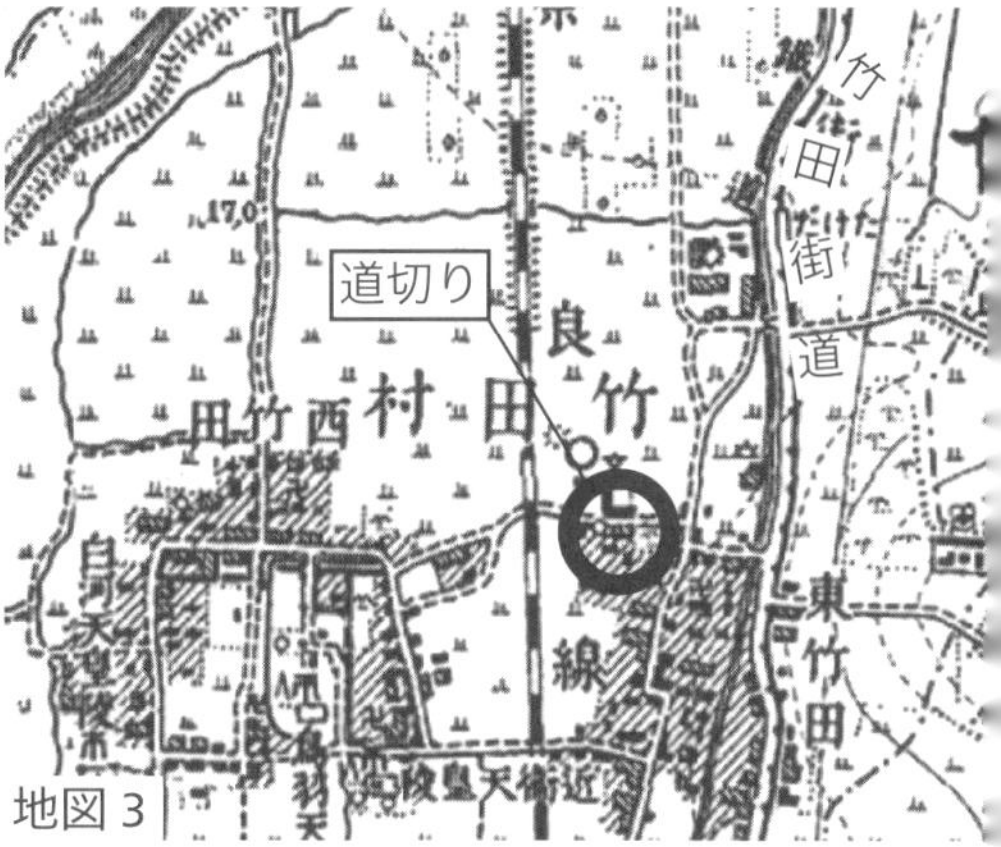

地図３
出典：国土地理院地図　1/20000「京都南部」（明治 42 年測図・大正 1.8.15 発行）に一部筆者加筆

近畿地方では鎌倉時代頃から室町時代頃にかけて、惣村《そうけん》と呼ばれる、農業をベースにした自治性の強い集落共同体が成立しています。地頭や荘官に代わり年貢や公事を集落単位で請負い、共有地を持ち、灌漑水利や入会地を自主的に管理し、宮座《みやざ》、寄合《よりあい》といった組織を運営していました。南北朝の内乱以後には自衛の機能も持つようになっています。１４２８年（正長元年）には京都近郊の惣村で借金の帳消しを求めた農民が一揆（正長の土一揆）を起こしましたが、ここ竹田村もその一揆に参加しています。いわば〝筋金入りの惣村〟だったわけです。

大阪市東住吉区桑津には北口地蔵が祀られています（写真６）。ここもかつての集落の入口に当たり、かつては周囲に環濠が巡らされていました。大坂夏の陣で激戦地となったことから、村民たちは外部からの侵入者に備えて四方に環濠を掘り、自衛のための様々な工夫をこらしていました。環濠は埋め立てられていますが、集落内には四つ辻が互い違いになっている場所、道が折れ曲がり見通しが効かない場所が今も残されています。

このように、区割りだけでなくその地域に根差した文化も残されていることがあります。特に畿内には中世の文脈を今に伝えている場所が多く、まちヨミの味わいを深めてくれています。

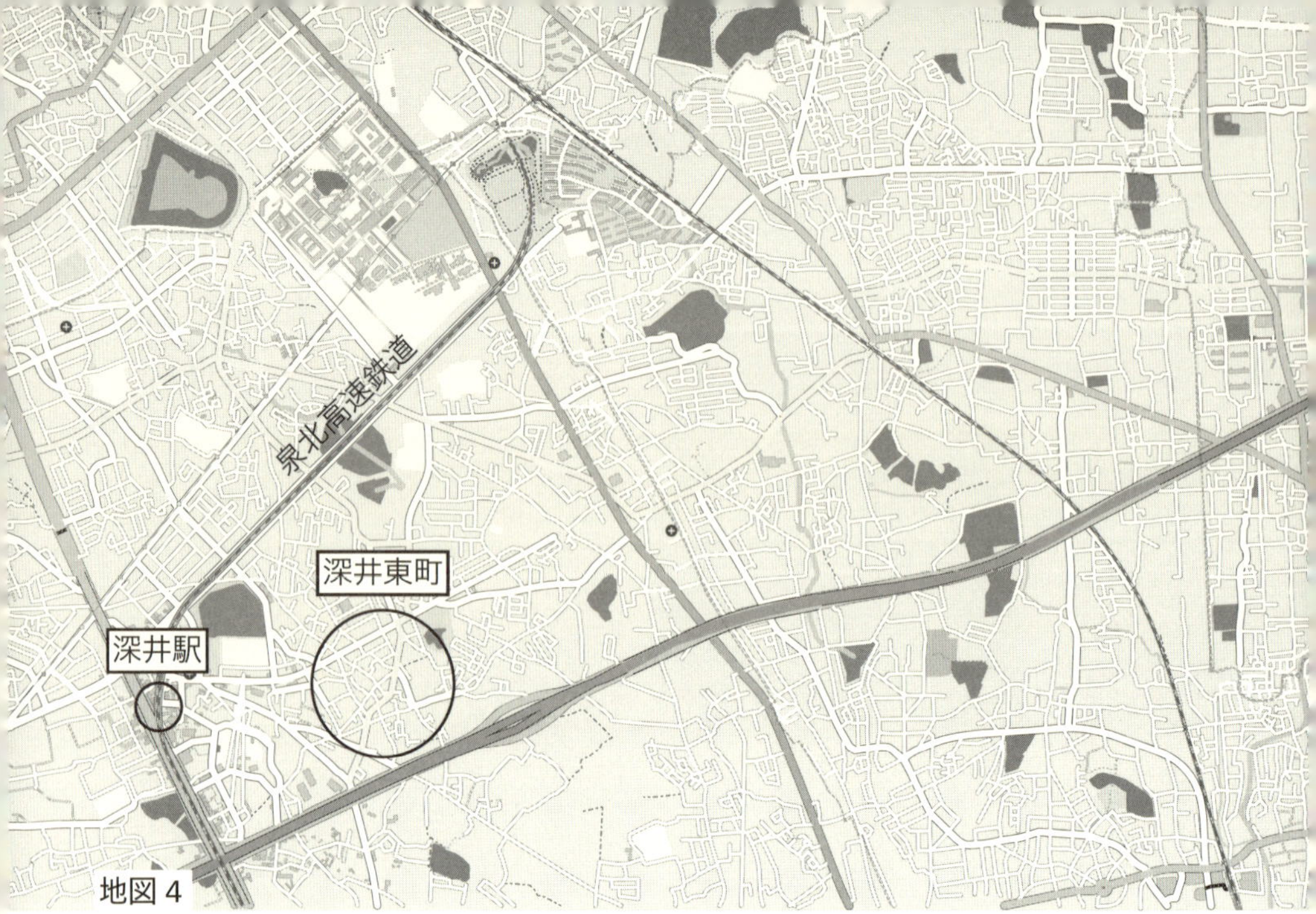

© OpenStreetMap contributors

5 ため池の存在
豊かな水環境を現代にどう活かすか

大阪府南部を走る泉北高速鉄道・深井駅周辺の地図4を見ると、多くのため池の存在に気づきます。

大阪府内には約1万1千ものため池があります。これらは農業用水を確保する必要から築造されたものですが、大阪にため池が多いのは、雨の少ない気候であること、水量が豊かな河川が多くなかったことに加えて、ため池築造のための最先端の技術と知識が飛鳥時代に朝鮮半島から伝わったからのようです。

ため池は、雨水を貯めておき、必要な時に使えるダムとしての役割を果たしています。農閑期である冬季に水を貯え、春先や初夏の田植えの時季に水田に水を供給するのが主な用途ですが、梅雨時の水を貯めて夏の渇水の危険性を減らしたり、大雨の時に下流に洪水が起こるのを防ぐこともできます。

ですが周辺の宅地化が進むと、農業用水を必要と

写真7

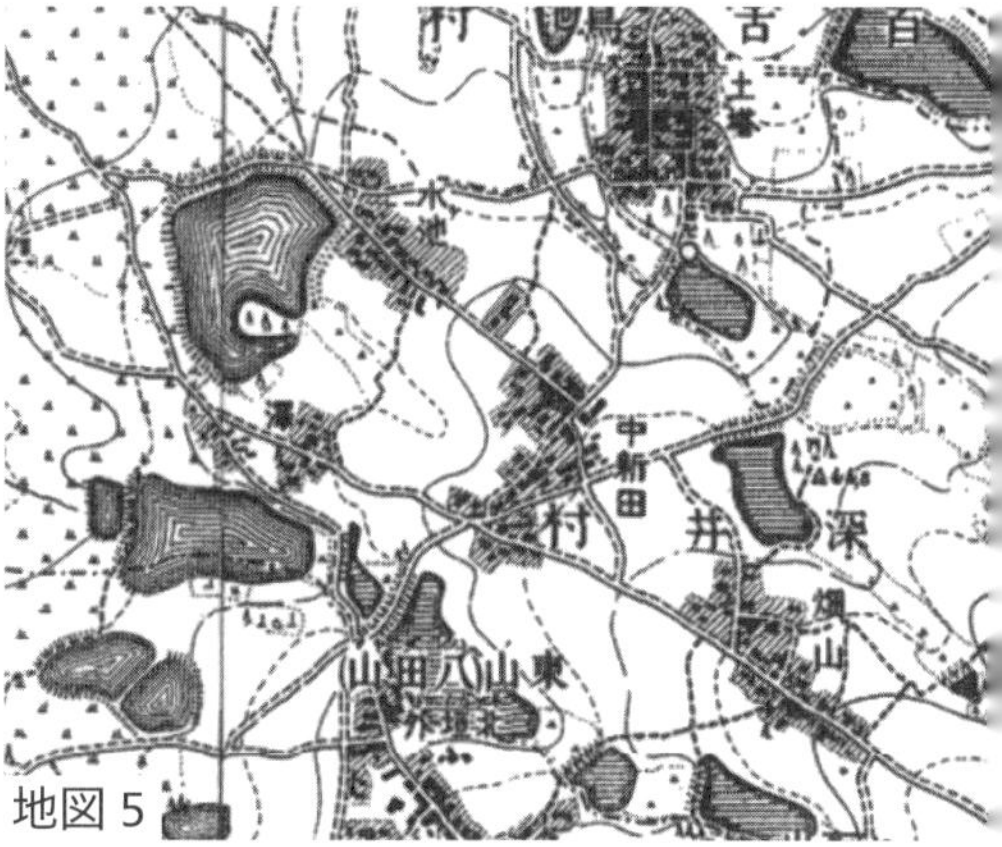

地図5

出典：国土地理院地図 1/20000「狭山」（明治 41 年測図・大正 1.11.30 発行）

する人の数が減り、維持のための負担が大きくなります。また家庭からの排水で水質が悪化することもあります。堤の老朽化が進むと決壊のリスクも生まれます。この豊かな水のある環境を農業以外にどう活かすかが、今では求められるようになっています。

Walkin' About @深井では、僕は深井東町をウロウロしました。この辺りはかつては中新田と呼ばれていて、昔の地図（地図5）を見ると、多くのため池に囲まれるように集落が存在していたことが分かります。

深井東町会館の前を通りかかると、若い子たちがだんじりの山車《だし》の上に登り、鉦《かね》を叩いて練習していました。先輩らしき2、3人がチョッカイをかけると、叩いている子は「邪魔すんな、真剣にやっとるんじゃ！」。

ため池が多く存在するということは、田植えや稲刈りだけでなく、ため池の整備などでも多くの共同作業を必要としているのでしょう。このまちでは、だんじりの存在が、農業共同体の維持に重要な役割を果たしているのだろうと思える風景でした。

写真8

6 用水路の存在
水利にまつわるドラマが見えてくる

写真8は兵庫県西宮市樋の口にある百間樋用水です。甲武中学校（左）の校庭とマンションの間を流れるこの水路は、ここから3㎞ほど北の武庫川の上流から取られ、仁川《にがわ》の下をくぐって南下し、武庫川の西側にある田畑を潤しています（地図6）。

この不思議な水路が開発されたのは1560年頃（永禄年間）のことです。武庫川はこのすぐ近くにも流れていますが、周囲の土地よりも低いところを流れているため、動力がない時代には利用が困難でした。そこで自然の高低差を活かして下流域にある田畑を潤すための用水路が開発されたのです。

同じく西宮市には、江戸時代のはじめに開かれた上ヶ原用水路がありますが、関西学院大学の裏にはその用水の流れを三つに分けるシカケが今も残されています。用水を堰き止めている石に3ヶ所の切り込みが入っているのですが、この長さで水の分配率

写真9

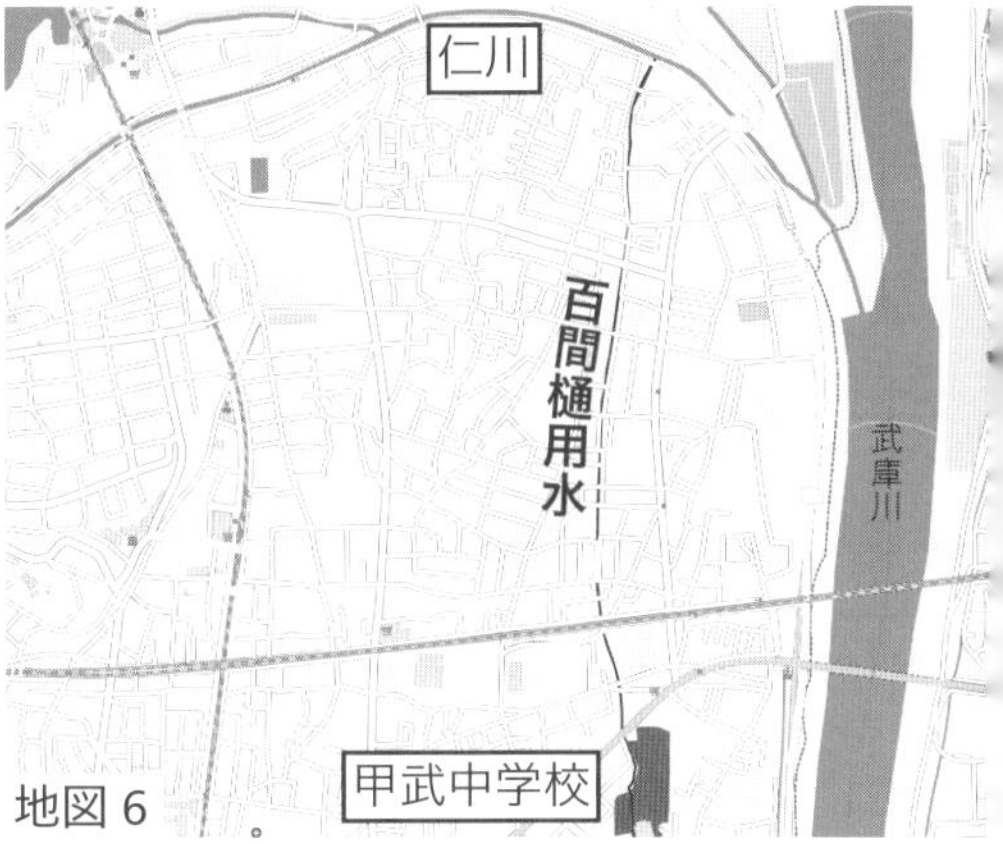

地図6

© OpenStreetMap contributors

が決まっています（写真9）。

水は上流と下流の利害の対立を引き起こします。特に渇水時には、上流側で必要な用水を確保すると下流側には水が行き渡らなくなるため、水争いの原因となります。そのために村々の間で用水慣行を取り決め、利害調整をしていました。ここでも台地に新田を開発したことで農業用水の需要が増え、水争いが頻発したことから、こうした解決策が生み出されたのだそうです。

こうした施設は多くの村々の利害に関わるものであるため、その維持や補修のために村々の農民たちは共同労働を行っていました。つまり必要に迫られる形で、地域が連携していたのです。

時代が下り、周りが住宅地として開発されるようになると、用水路に生活排水やゴミが流れ込んだりするようになります。農業に従事する人の数が少なくなってくると、維持管理のための人手にも事欠くようになります。ですがこれもため池と同じように、地域に水のある環境をもたらしてくれる過去の遺産です。「これは誰が、どんな思いから作ったものなのか？」と問うところから、その価値をいま一度思い起こしてみてください。

写真10

7 製造業化した農業

プロデューサーが地域を変えた

写真10に写っているのは、奈良県広陵町疋相《ひきそ》にある靴下製造の会社と、馬見靴下事業協同組合の看板です。この周辺を地図で調べてみると、ため池が点在しているのが分かります（地図7）。

大和盆地にあるこの地は雨が少なく、また高台に位置しているため、昔から農業用水の確保に苦労していました。そこで少ない水を有効活用して農作物を得るため、一つの耕地を時に田として、時に畑として使う農法が取り入れられました。ここで夏に作られたのが木綿でした。18世紀半ばになると木綿の栽培だけでなく、綿糸や綿織物をつくる加工業もこの地で盛んになりました。そのことで生地加工の技術や問屋・糸商といった産業の土台がこの地に蓄積しました。

日本の綿花栽培は、１８９０年代（明治20年代）以降に外国産綿花を輸入し、国内で大量の綿糸を作る

写真11

地図 7

© OpenStreetMap contributors

ようになった時に急速に衰退しています。それまで木綿を栽培していた地域では別の商品作物を栽培したり、輸入綿花を使った綿布の加工にシフトしたりしましたが、この地では糸商を営んでいた吉井泰治郎という人物が、機織りに代わる仕事として靴下の製造に目をつけました。アメリカから機械を持ち込み、１９１０年（明治43年）に靴下の製造を始めました。それが次第に周辺へと広がり、のちに全国一の靴下産地になるまでに発展しています。

大阪市内から近鉄大阪線に乗って南に進んでいくと、大阪府柏原市の堅下《かたしも》駅を過ぎるあたりで、生駒山地の中腹に「柏原ぶどう」と書かれた看板を見かけます。この辺りでは明治の初めからぶどうが栽培され、昭和初期には全国1位の栽培面積を誇る産地となっていました。**写真11**では山の上のぶどう畑から麓の住宅地を望んでいますが、かつては麓まで一面のぶどう畑でした。

この地域もまた、かつては木綿を栽培していました。麓にはかつては大和川が流れていましたが、１７０４年（宝永元年）に大和川が付け替えられ、堺に向けて西流するようになった後に、水はけの良い砂地だった河川跡地では木綿が栽培されるようになり、河内木綿の重要な生産地へと発展しました。そして明治期に木綿栽培が廃れた時に、地域の産業をぶどう栽培にシフトし、大正時

地図８
© OpenStreetMap contributors

代の初めにはワインの醸造を始めています。同市の太平寺界隈を歩いてみると、地域の産業で財をなした人々が築いた家屋や街並みが残されています。

この両方の話に共通しているのは、地域にプロデューサーがいた、ということです。農作物を栽培して出荷するだけでは、得られる利益は限られたものになり、また出荷の時期以外には稼ぎがなくなります。地域をより豊かにするために生産物を加工して出荷するという工程を取り込んだこと、そうしたイノベーションの土壌があったことが、その後地域の経済を支えることになる事業を生み出したのでしょう。最近は六次産業化といって、地域の農林水産業に製造業、サービス業の要素を取り込んで地域経済の足腰を強めようという取り組みが全国でなされていますが、ここでも地域プロデューサーが求められていることは言うまでもありません。

写真12

8 最適化された農地

生産性を上げるための工夫

写真12は京都府久世《くぜ》郡久御山《くみやま》町にある広大な田畑です。現在は農地になっていますが、かつてここは巨椋池《おぐらいけ》という、周囲が約16 kmもある淡水湖でした。1933年（昭和8年）から1941年（昭和16年）にかけて行われた干拓事業によって農地に姿を変えています。久御山町の農業は木津川、宇治川の氾濫や巨椋池の増水にさいなまれながら行われていましたが、干拓が完了したことで、広々と広がる水田で耕作が行われるようになりました。

1949年（昭和24年）からは圃場《ほじょう》整備と呼ばれる土地改良事業が行われています。圃場整備とは農業の生産性を向上させることを目的に、耕地区画をまとめたり、用排水路や農道を整備したり、土層を改良したりすることをいいます。戦後のある時期から、農業は人力や牛馬耕からトラクターやコンバインなどの機械による耕作が主流になりましたが、一つ一つの田畑を大きく、また長方形に区画し直し、道幅の広い農道に接続させ、田畑までトラクターや軽トラックなどで乗り入れることができるようにすることで、作業効率と生産力が向上しています。

京都市伏見区竹田で農業をしている人に聞いた話ですが、近所には農地を売ったお金で久御山に土地を買い、車に乗って耕作に行くようになった人が結構いるそうです。近所は宅地化が進み地価が上がったために、久御山で3倍ほどの広さの土地を得ることができ、そのことで農業が続けられたそうですが、今ではここでも農家数は減少しているようです。

この話で興味深いのは、農業の機械化を見据えて農地の最適化が図られた時期と、都市近郊で農地が住宅地に変わっていった時期とが重なっているということです。これは後で紹介する耕地整理でもそうなのですが、土地改良のための投資を、農業のためにするのか、住宅地に変えるために行うのかという分かれ道が当時はあったということです。上の竹田地区でも戦後に揚水ポンプや水門、用水路などの整備事業を行い、農業生産の効率化を図ってきたのですが、一方で住宅地化が進んだことで、それを使う人が減ってきています。そして広大な池だったことで誰も農地として使っていなかった場所が、もっとも効率の良い農地として今残されているのです。

ところで久御山では70年代以降に水田の畑地化が進んでいます。もともとは池なので稲作に向いていたはずですが、減反政策が採られてからは排水機構を整備し、収益性の高い野菜や花卉《かき》への転作を進めてきました。今では水田というよりは都市近郊の野菜産地として機能しているようです。

写真13

9 残されている農地

2022年問題を乗り切れるか

写真13は大阪府の北部にある箕面市萱野《かやの》に残された田園風景です。萱野は京都から兵庫県西宮市へ続く旧西国街道に沿った集落で、地域の人たちは昔から続く風景を残すためにここを市街化調整区域としました。ですので、基本的にはここには住宅を建てるなどの開発ができません。

写真14はＪＲ学研都市線・京田辺駅から少し離れた場所です。ここも市街化調整区域です。圃場整備によって大きく区画された水田が一面に広がる風景を眺めることができます。

28頁で見た堺市の深井東町には写真15のような農地が残されています。ここは市街化区域、つまり将来的には開発が見込まれている地域ですが、昔からの農村風景が残されています。だんじりなどを通じてコミュニティが保たれ、農業を守り続けようという意識が地域にあるからこそ、この風景が維持でき

写真14

写真15

ているのかも知れません。

ところで、市街化区域内にある生産緑地については「２０２２年問題」ということが言われています。生産緑地とは所有者が農地として管理している土地で、固定資産税が宅地の１００分の１程度に抑えられています。１９９１年（平成３年）の生産緑地法改正時に生まれ、現在全国に約1万3千ha存在するそうですが、生産緑地の指定から30年が経過する２０２２年に指定が解除されたタイミングで、所有者が農地を一気に手放し、農地が一気に宅地化する可能性があるというのがこの問題です。

政府は生産緑地法などを改正し、生産緑地の買い取り申請時期を10年間延長できるようにしたり、面積要件を引き下げたり、農地内に直売所や農家レストランなどを設置できるようにしたり、農地を貸し出せるようにしたりといった対策をとっていますが、制度の変わり目であるだけでなく、農業の担い手がどんどん減ってきている今、これまで残すことができた近郊農業を今後どういう形で守っていくのかという課題に、それぞれの地域は直面しているのです。

コラム　高砂で畑を耕すおじいさんに聞いた話

Walkin' About で兵庫県南部にある山陽高砂駅近くの住宅地を歩いていると、もともと田んぼだったところでイチゴ、ナス、花ショウブを植えているおじいさんがいました。

おじいさんは現在87歳。本家は大百姓でしたが、父親が四男で、また早世したため、長く工場に勤めました。戦時中は姫路市広畑の日本製鉄に、戦後は加古川の日本毛織で勤め上げ、リタイア後は昼間に鉄工所で働き、夜は高校の宿直をしてと、働きづめの人生だったそうです。

若い頃にはいろんなものに凝りました。カメラはライカやコンタックスに夢中になり、ラジオや、真空管式のテレビ、選挙用の拡声器、オートバイを自分で作り、売っていたそうです。

オートバイは当時、ドイツから入ってきていた。日本のバイク屋も真似して同じように作っていたが、ベアリングやピストンなどの材料が国産では品質が悪く、長持ちしなかった。当時、日本にオートバイ会社は30から35はあった。明石の川西製作所ではドイツのバイクを真似て「ポインター」という名前で売り出していた。それでみんなバイクのことをポインターと呼んでいた。

川西製作所、川崎製鉄所では、戦時中に戦闘機を作っていた。工場は爆撃で壊れたが、技術者は残った。彼らの生活のために、何かしら作らないといけなかった。それでオートバイを分解して真似して作っていた。昔は明石と姫路の間の工場は高砂だけだった。三菱製紙、鐘淵紡績、日本砂鉄・・・

昔はプラスチックはなくセルロイドしかなかった。それを作っていたダイセルの工場は網干にあった。鐘

紡があったことで鹿児島や広島から女工さんが3千人ほど高砂に来ていた。日本毛織の印南工場、加古川工場には女工さんが5千人ずついた。

当時の女工さんたちはその後、家庭を持ち、高砂に多く住んでおられるそうです。

子どもたちの世代は大学に行って、そのまま就職して帰ってこなくなりました。そして高砂には年寄りの家庭が増えたそうです。おじいさんの息子さんも高砂を出て医者をしているのだそうです。そんなお話を、畑のそばで聞きました。こんな場所でも、地域に残された物語に出会うことはあるのです。

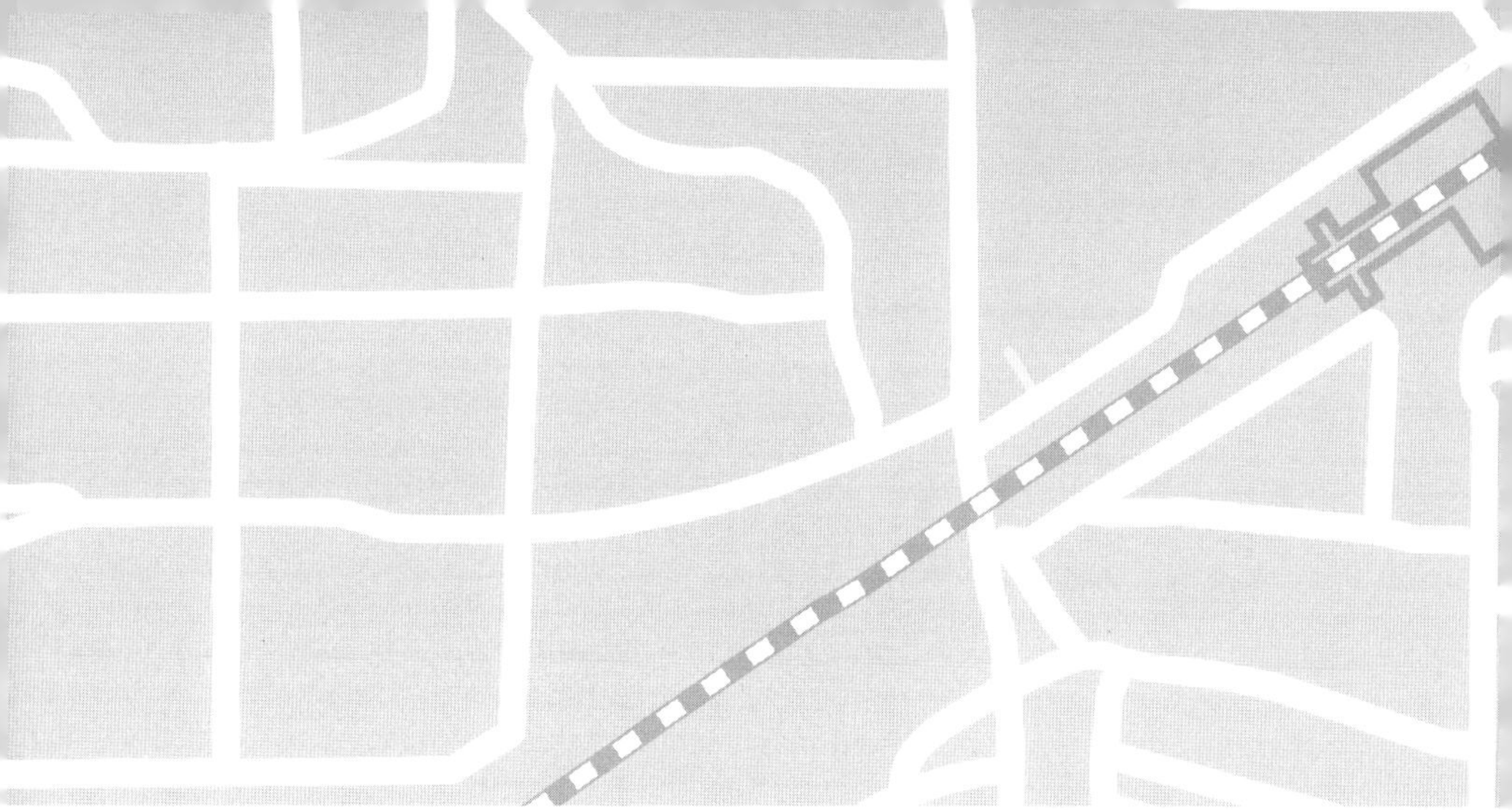

第 3 章

【製造・物流業】から読みとく

写真1

1 川に港があった時代
水運の時代を見直す

写真1は京都市伏見区中書島にある風景です。宇治川の流れを引き込んだ濠川《ほりかわ》沿いに酒蔵の建物が並んでいます。すぐ近くには、坂本龍馬が定宿としていた寺田屋の建物も残されています。

中書島はその名が示す通り、四方を川と掘割に囲まれた島になっています。一帯は豊臣秀吉の伏見城築城によって開発され、宇治川と濠川を結ぶ場所に伏見港が整備されたことで、江戸時代には伏見・大坂間を結ぶ三十石船が往来するなど、水上交通・物資輸送の中継地として賑わいました。

自動車も鉄道もなかった時代には、水運は人や物資を運ぶための手段として非常に大きな役割を果たしていました。当時の船の動力は風力や人力で、港の規模は小さく、水運の中継地となる場所には酒や醤油、樽などを作る産業も集積し、人や資金や物資や情報が行き交い栄えていました。

写真 2

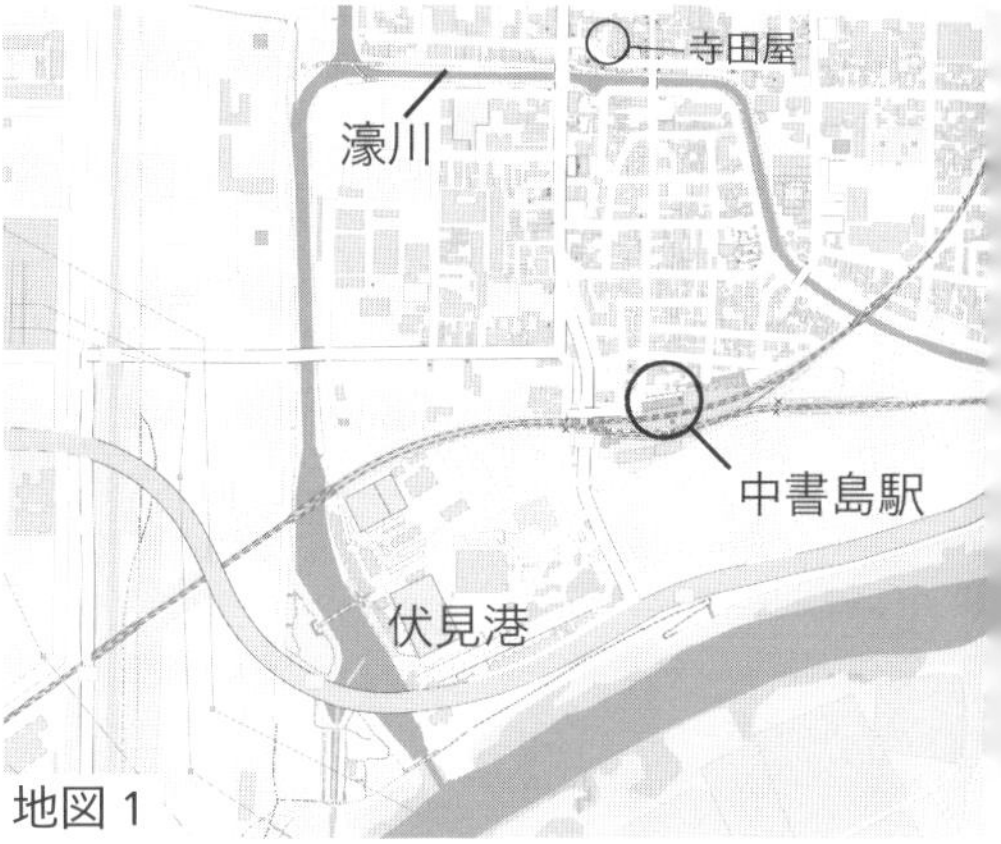

地図 1

© OpenStreetMap contributors

河川舟運もまた明治中期以降に鉄道が開通し、陸上交通が発達する前には、人や貨物を運ぶ重要な物流手段でした。船着場は河《か》岸《し》・津などと呼ばれ、そこには集落も形成されていました。

写真2は、兵庫県高砂市今津町にある、江戸時代に建てられた邸宅です。２０１５年のWalkin' About開催時には崩れかかっていました。注目ポイントは壁に再利用された船材が使われているという点です。

この邸宅のオーナーだった工楽松右衛門は廻船問屋を営み、幕府や諸藩の命で国内のいくつかの港を修復した人物です。**地図2**で見てみると、邸宅のすぐ前には十字に掘られた運河のような水路があることが分かります。その辺りに魚町、渡海町、藍屋町、今津町といった地名が残されているのも興味深いところです。

高砂堀川を整備して港を開いたのは、関ヶ原の合戦直後に播磨領主として姫路に入った池田輝政です。加古川流域の年貢米を川舟でここに集め、ここで海の船に積み替えて大阪や兵庫に運ぶために運河を開削し、船溜まりを設け、荷揚げ場を造り、米蔵を建てています。

つまり江戸時代には、高砂の町の中心はここだったのです。江戸中期の高砂の人口は８千人あまりで、姫路に次ぐ播磨の大交易

地図 2

© OpenStreetMap contributors

都市に発展していました。

伏見港も高砂港も、ともに１６００年前後に、明確な都市計画のもとに物流の拠点として整備されています。そして富が集まる場所であったため、港湾だけでなく街全体に資本が投下され、立派な建物や街並みが整備されました。工楽松右衛門邸はその後、高砂市が所有者から寄贈を受けて全面的に改修し、美しい姿を取り戻して保存・公開されています。地域で栄えた産業を背景に整備された歴史的建造物は、このように、改めて人々を惹きつける存在になり得るということを、僕自身が目の当たりにした事例です。

写真３

2 水力を利用していた産業

電気普及以前の産業立地

兵庫県南部にある阪急芦屋川駅から北に数百ｍほど行った芦屋川の西側に写真３のような石垣があります。御影《みかげ》石（花崗岩）でできた丸い形の物体は石臼で、かつては水車小屋で使われていたものです。

鉄道・自動車以前の物流が舟によるものであったように、電気以前の動力は水力でした。六甲山麓に位置する芦屋川沿いには、江戸時代から明治の初め頃にかけて30台ほどの水車があり、製粉、精米、搾油などに使われていたそうです。芦屋川沿いには現在も水車谷という地名が残されています。

大正時代に電動機が普及したこと、そして１９３８年（昭和13年）に起こった阪神大水害での被災により多くの水車小屋が廃業しました。この石臼は、この地がかつて水車産業で栄えていたことの名残りなのです。

写真4

写真5

生駒山麓に位置する東大阪市豊浦町の住宅地の中には、大阪シティ信用金庫の出張所があります（**写真4**）。なぜこんなところにと思える場所なのですが、この周辺にはかつては針金工場が集積し、豊浦銀座と呼ばれて大いに賑わっていた、という話を聞くと合点がいきます。

この地の伸線（針金）産業は江戸末期に始まり、明治に入ると生駒山頂からの急流近くにある水車を利用して発達しました。大正期に動力源は水車から電動機に代わりましたが、１９３５年（昭和10年）には大阪の中心部と東大阪を結ぶ産業道路（大阪枚岡《ひらおか》線）が開通したことで更に発展していきました。その後、酸洗の工程で使用していた酸性溶液の廃液が農業に害を与えるとして問題となり、工場の数は70年代以降減少しましたが、周囲を歩いてみると今も伸線の産業が残されていることが分かります（**写真5**）。

どちらの場所も山麓に位置しており、電気が普及する前に自然エネルギーである水力を利用した産業が存在したという話ですが、逆に今、そのエネルギーが使われていないのがもったいないような気もします。ハイキングコースから程近い場所にありますので、地域の成り立ちに思いを馳せつつ眺めてみてください。

写真6

3 産業革命と港湾立地
臨海部の土地利用はどう変わったか

写真6の「鳴門」は、大阪市此花区にある西九条駅の近くにある50年近く続いている立呑み屋です。西九条は工場で働く労働者が帰りに一杯ひっかけて帰る安呑屋が充実しているまちなので、お店で「昔は工場の人が多かったんですか?」と尋ねてみると、「住金、日立、川重、大ガスの人が多かったねぇ」。

此花区も含めて、大阪市の臨海部のほとんどは江戸時代に埋め立てられてできた土地です。町人請負新田といって、町人がみずから投資して開発した新田が多いのですが、小作人の多くは通いで耕作をしていたため、村落が成立していなかったところも多かったようです。

明治中期以降の産業革命期に紡績、鉄鋼、機械などの工場の適地として選ばれたのは、この臨海部の新田開発地でした。港に近く、原材料の輸入や製品の出荷に便利であるという立地上の理由がもちろん

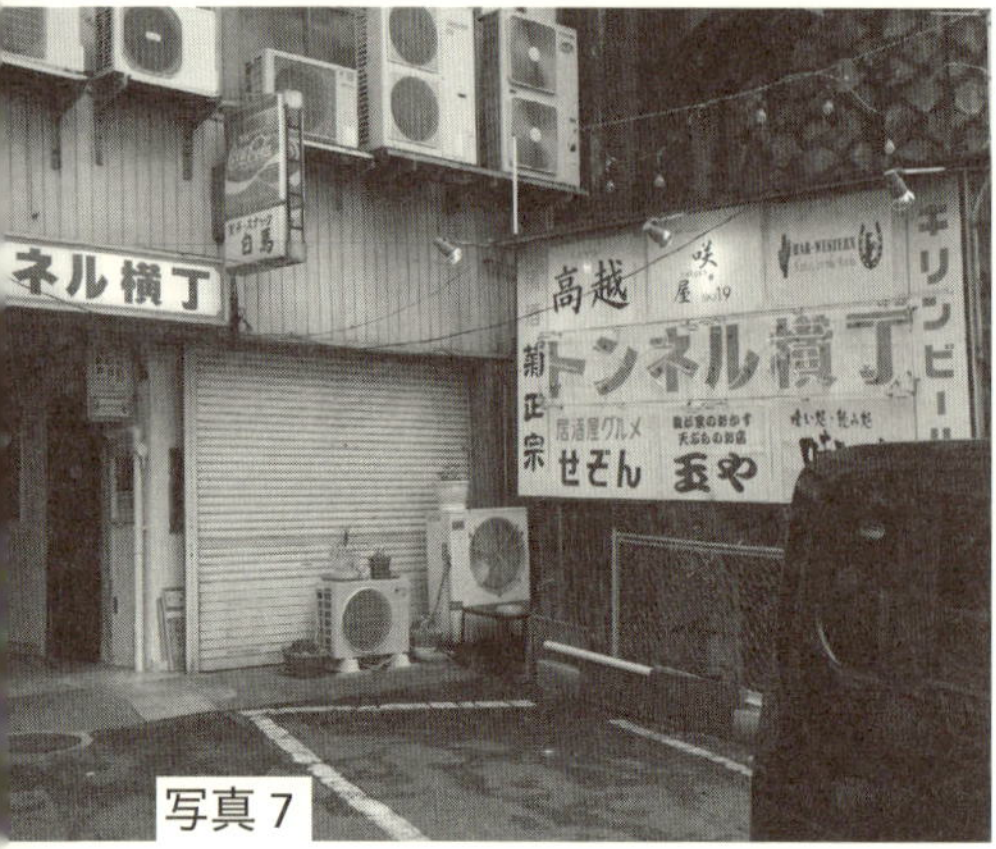

写真 7

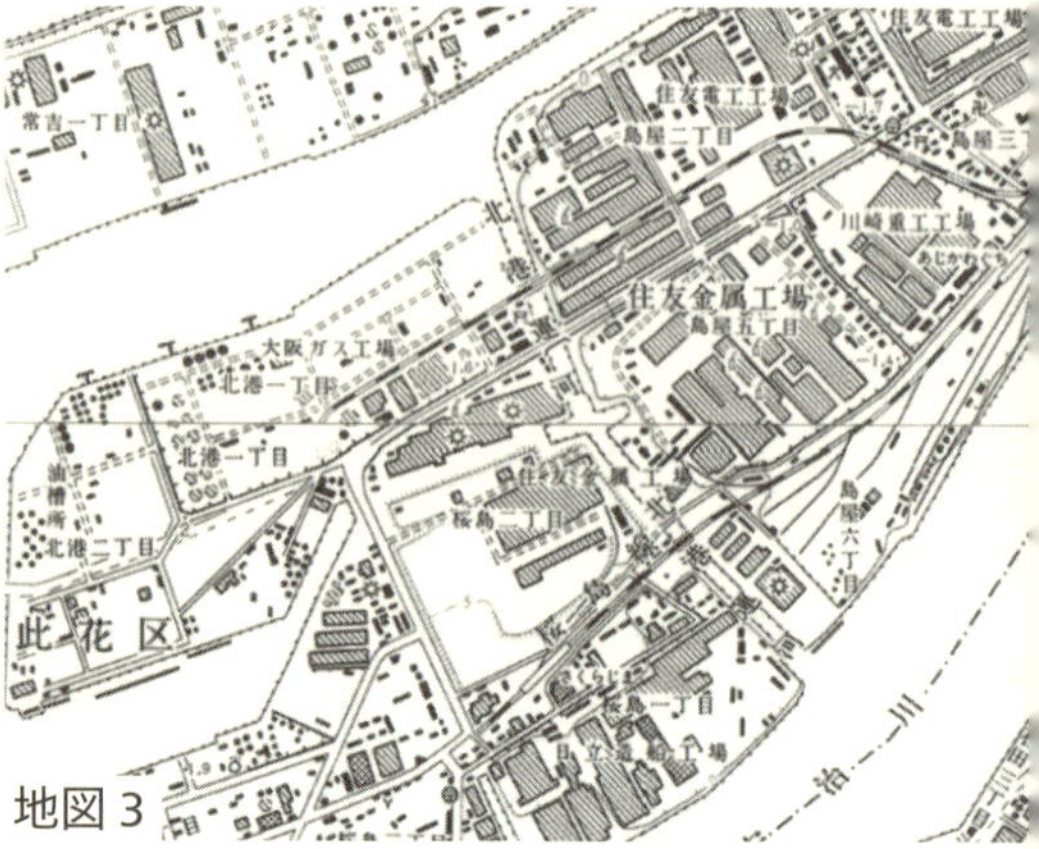

地図 3

出典：国土地理院地図 1/25000「大阪西南部」（昭和 62 年修正・昭和 63.7.30 発行）

大きいわけですが、これらの土地を持っていた元町人資本の立場からすると、農業でも工業でも儲かれば良く、かつ村落が存在しなかったわけですから、土地利用の変更がスムーズだったことも大きかったのでしょう。

ところで、さきほど「鳴門」で聞いたいくつかの工場があった場所は、現在はユニバーサルスタジオジャパンに変わっています。そのため西九条駅では工場で働く人たちに代わって外国人観光客の姿を多く見かけます。脱工業化とはつまりそういうことで、工場が撤退した後にエンタテインメント施設ができると、その街にやって来る人の層がガラッと変わります。ですが、これまで労働者の受け皿であったまち全体が、工場が撤退した途端に観光客向けに変わるわけではなく、その変化は徐々に訪れます。いまのところ、駅周辺の文脈は今のところ大きくは様変わりしておらず、いまの風景を今に留めています（**写真7**）。時代の流れに任せると、駅前の立ち喰いそば屋ではいしだあゆみの唄がかかり、昭和のまこのまちは観光客向けに変わっていくはずです。個人的には、ここにはいしだあゆみの唄が似合う、昭和のたたずまいを残した街であり続けてほしいですが。

写真 8

4 かつての港湾の気配

コンテナ化で人々の姿が消えた

大阪市港区築港には、築港温泉という名の銭湯がありました。今は営業していませんが、Walkin' About の時にご主人からかつての話を聞きました。

うちのお客さんは、地元の人が2割で、労働者が8割でした。労働者の中には赤い人、白い人、黒い人がいました。赤い人は鉄くず、白い人はメリケン粉、黒い人は石炭をかぶった人で、中に入る前にそれを新聞紙に落としてもらったり、表に引いた水道で体を洗ってもらったりしていました。

かつての荷役作業はコンテナ船が岸壁についてクレーンで積み下ろすという形ではなく、沖に停泊する本船から艀《はしけ》と呼ばれる小型船に荷物を降ろし、艀でそれを岸壁まで運んで倉庫に入れる、そして積み出しの時はその逆を行うという段取りになっていま

写真9
出典：「大阪港のあゆみ」（昭和32年・大阪市発行）より

写真10

した。その作業を担っていたのが、沖仲士《おきなかし》とかアンコと呼ばれる荷役労働者でした（写真9）。

労働者のほとんどは西成の釜ヶ崎で手配師に集められ、車で運ばれてきて夕方まで船内や岸壁での荷役作業をし、その後近くの商店街で買い物をしたり、風呂に入ったり、お酒を呑んだりしていたそうです。

60年代後半になると、港にはコンテナ船が入港するようになりました。運ばれてきたコンテナがクレーンで陸揚げされ、トレーラーに積み込まれて運ばれるようになることで、貨物輸送のコストと荷役にかかる人手と時間、盗難や破損などのリスクは画期的に圧縮されました（写真10）。その実現には港、船、クレーン、倉庫、トラック、鉄道への莫大な投資と業界の改革が必要でしたが、島国であり、原材料やエネルギーに乏しく、工業製品を輸出するわが国において、競争優位を生み出す重要な要因になりました。一方で日雇い労働者を組織し、または家族経営などの零細規模で港湾荷役を行ってきた港湾運送業界は、高度化という課題を突きつけられました。大多数の港湾労働者は仕事を失い、多くの艀は処分され、築港からは人々の姿が消えていったのでした。

写真11

5 役割を終えた港

コンビニからもまちは読みとける

兵庫県神戸市の兵庫埠頭にあるコンビニには、釣具屋かと思うほどに釣り関連の商品が充実しています(写真11)。埠頭の先に行ってみると釣り人が一杯います。つまりここは今は、港湾としては機能していないのでしょう。

あらためて兵庫埠頭を地図4で確認してみましょう。左下の「中央市場前」の右側にあるのが兵庫埠頭です。右のポートアイランドは船が停泊する部分がフォークのように凹んでいます。かつての兵庫埠頭もこういう形をしていたのですが、その凹みの部分を埋め立てて今のような形にしています。船が停泊するのでなければ、そうした方が使える土地が増えるからでしょう。

では、現在も港として稼働している場所には、どんな風景があるのでしょうか

小野浜にあるコンビニ（地図4真ん中上の「ハー

写真12

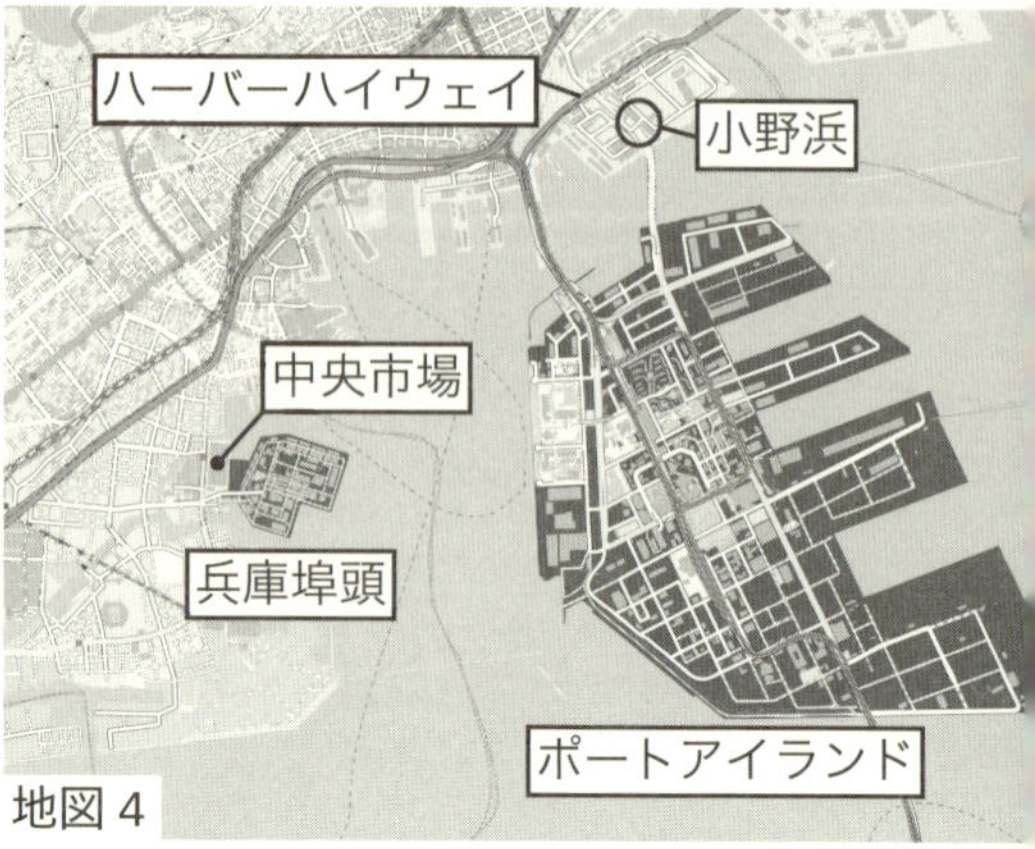

地図 4
© OpenStreetMap contributors

バーハイウェイ」のところにあります）には、作業服を来た男性が次々にやって来ます。店内には作業靴や作業用手袋や使い捨てカイロが並んでいます。朝に行った時には缶コーヒーとパンを買う人が多く見られました（写真12）。

ここには他にお店が一軒もありません。そうなるとお店が扱う商品の幅は、地域のニーズを受けて自然と広がります。聞いてみると、お客さんには倉庫で働く人、トラックの運転手のほか、塗装やパレットを修理するような職人も多いそうです。僕がイートインコーナーでコーヒーを飲んでいる間には、海上保安庁の機動救難士の方々がコーヒーを買っていました。海難船舶の遭難者や海上で漂流する遭難者をヘリコプターで救助する方々のようです。

神戸は中心部から海まで歩いて行ける距離なのですが、多くの人は用事がなければ港湾エリアに足を踏み入れることはないでしょう。ですが、そこにはどんな人が、どんな働き方をしているのかという視点を持って足を踏み入れてみると、神戸だからこその様々なドラマと出会うことができるのです。

写真13

6 鉄道貨物が盛んだった時代

駅前に大きな土地が空いた理由

写真13は2017年（平成29年）6月に撮った「うめきた2期工事」の様子です。大阪最後の一等地と呼ばれる梅田操車場跡地の開発は、2013年（平成25年）に1期のグランフロント大阪が竣工し、その西側の開発が現在進められています。

ところで操車場って何でしょう？ なぜここにあるんでしょう？ そんなことも知らないで、やれ新産業をここから生み出そうとか、みどりも大事とか、最先端医療をとか言う人のなんと多いことか！

大阪駅が開業したのは1874年（明治7年）のこと。大阪―神戸駅間を結ぶ鉄道の終点として、神戸駅と同じ日に開業しています。当初は今よりも少し西の、民家がわずかにあるだけで田圃が広がっていた場所に設置されました。当初は貨物輸送の比重が大きかったのですが、しだいに旅客輸送も増え、手狭になったため、1901年（明治34年）に現在地へ

写真14

移転しました。つまりこの頃までは鉄道駅には旅客と貨物の両方の機能があったのですが、やがてキャパオーバーとなり、二つを分けました。これを〝貨客分離〟といいます。大阪駅の北側には梅田駅が、神戸駅の南側には湊川駅が、それぞれ貨物部門を分離する形で設けられました。１９２８年(昭和3年)のことです。その後貨物部門は成長していきましたが、高度成長期に自動車産業の成長と高速道路網を背景にトラックによる貨物輸送が増え、鉄道と競合するようになりました。いわゆるモータリゼーションです。

この時期に、国鉄では大きな事故があり、運賃の値上げ、ストライキの頻発などにより、貨物の鉄道離れが進んでしまいました。ある駅の近くの喫茶店で、こんな話を耳にしたことがあります。

昭和50年には、ストが1週間続いた。貨物も1週間止めたので物が腐った。今だったら有り得ないだろう。この駅では普段はみんな和気あいあいとしていたが、ストとなると違った。

スト権ストと呼ばれるこの闘争に備え、政府はトラックの増便を確保し、市場の混乱を防ぎましたが、このことで鉄道に頼らなくとものは運べるということも証明してしまいました。

写真15

その後、国鉄における貨物部門の合理化により、湊川駅は1985年（昭和60年）に廃駅となり、跡地にはハーバーランドが開発されました。梅田貨物駅の方は段階的に縮小し、最終的には2013年（平成25年）年に廃止されました。まとまった土地が空いたのがバブル期のウォーターフロントだったのか、それとも21世紀に入ってからの都心部だったのかで、この2つの貨物駅跡の開発は大きく異なる軌道を描くことになったのです。

グランフロントの北側には「ここに梅田駅ありき」と記された碑が残されています（**写真14**）。余談ですが、こういう車輪のモニュメントはかつて鉄道や駅があった場所に置かれているので、見つけたら何らかのストーリーがあると思ってください。

鉄道貨物はこのように、経営効率化の流れの中で段階的に縮小してきましたが、近年ではモーダルシフトといって、大量輸送や定時運行が可能で環境に優しい鉄道にふたたび貨物を戻していこうという動きも起こってきています。

写真15は、大阪市東住吉区にある百済貨物ターミナル駅です。貨物駅の機能は今では郊外に移転しているのですね。歩道橋の上からダイナミックな貨物オペレーションを眺められる、鉄道貨物好きにはたまらないスポットかも知れません。

写真16

7
駅前だった場所
繁華街は交通モードとともに

山陽電鉄高砂駅から南に10分ほど進むと、**写真16**のような場所があります。手前にはロータリー、奥にはお寺が見えます。ロータリーの真ん中には車輪のモニュメントがあります。そう、鉄道跡ですね。

ここにはかつて国鉄高砂駅がありました。１９１４年（大正３年）に播州鉄道の駅として開業し、１９４３年（昭和18年）に国鉄駅となり、以降は貨物営業を中心に営まれました。周辺の多くの工場に専用線が引き込まれ、工場地帯の貨物輸送を担ってきましたが、１９８４年（昭和59年）に駅は廃止されました。

写真17はかつての高砂線の線路跡です。道が二股に分かれ、後ろには信号機らしきものが見えます。右側は国鉄の本線、左側は工場への引き込み線でした。現在は遊歩道になっていますが、信号機が残され、かつての気配を今に伝えています。

高砂は江戸時代には運河沿いの港が物流の集散地

地図 5
出典：国土地理院地図 1/25000「高砂」（昭和 42 年修正・昭和 44.8.30 発行）（一部駅名を筆者加筆）

写真17

写真18

として栄え、大正期以降には工業都市として貨物駅周辺が新たな中心地となっていたのですが、モータリゼーションの進展によってその必要性を失うことになりました。

国鉄高砂駅跡のすぐ前には、高砂銀座商店街があります。かつては工場で働く人たちで賑わった商店街です。中を進んでみると、かつてのフルセット型の商店街がそのまま残されている、そんな風景になっています（写真18）。最近は地域活性化の取り組みとして、商店街で月1回「朝ごはん市」を開催しています。一方、この商店街と山陽高砂駅の間に1976年（昭和51年）にオープンしたサンモール高砂は、2015年（平成27年）末に西友が撤退し、その2年後の2017年（平成29年）末には全館が閉館。近隣の買い物環境はシビアな状態になっているようです。

写真19

8 最先端の製造物流のかたち
倉庫と工場はジャンクション前に立地する

写真19は京都府京田辺市にある「プロロジスパーク京田辺」です。地上6階建てで、全景を撮るのが難しいほど巨大な物流倉庫です。丸くなっている部分はランプウェイ（傾斜路）で、大型トレーラーがそのまま上がったり下りたりできます。

プロロジスパークは高速道路のジャンクションの東側にあり、交通アクセスが抜群に良いと分かりますが、松井山手駅から徒歩圏にあり、その背後に住宅地が開発されていることも分かります（**地図6**）。

ここはメーカーや物流会社がテナントとして入居する施設なので、〝荷物を運びやすい〟だけでなく〝通勤アクセスも良く人を雇いやすい〟ことで借りてもらいやすい、という点を考慮しているわけです。

今では工場も同じような立地戦略を採るようになってきています。**地図7**は滋賀県草津市の地図ですが、草津ジャンクションのすぐ近くにはパナソニッ

© OpenStreetMap contributors

© OpenStreetMap contributors

ク、右側の岡本工業団地付近にはダイキン工業、住友精密工業などの工場が集積しています。

実は滋賀県は、製造業従事者の割合が全国1位（35%：2014年度）です。そのことを草津駅近くの喫茶店のマスターに聞きました。マスターは世間話をこよなく愛する方で、いくらか盛られている可能性もあるのですが、こんなお話をいただきました。

> 駅前のマンションには、工場勤めの家族が多い。旦那はエンジニア、奥さんは食品工場でパートなどで、夕方に一斉に会社のバスで帰ってくる。メーカーが買い上げて従業員を住まわせている駅前マンションも多く、ホワイトカラーの人たちは転勤で5年ぐらいで入れ替わる。（中略）工場勤務は朝が早いので、日曜日は夕方5時頃には客が引ける。現場で働く人も多いので、ラーメン、ホルモンなど、がっつり食べる系の店も草津には多い。

このように、ものを作る場所も、ものを運ぶための中継地点も、自動車での輸送と従業員の確保を最適化できる場所に配置されるようになっているのです。そしてまた、働き手もいしだあゆみを聴くタイプではなくなっているようです。

写真 20

9 工場閉鎖と跡地活用

広大な跡地に何を作ったか

写真20は地下鉄谷町線・大阪モノレールの大日駅前の風景です。イオンモールと映画館と3棟のタワーマンションなどが見えます。この場所にはもともと三洋電機の工場があり、主に白物家電を生産していましたが、2001年（平成13年）に閉鎖し、その機能を東京に移しています。かつて〝家電城下町〟として発展した大日駅前は、大型複合商業施設を備えた、大阪都心への抜群のアクセスを誇る住宅地へと様変わりしたのです。

経営環境の変化や製造拠点の最適配置などの結果、これまで工場があった場所から工場がなくなった後に、その跡地はどう活用されてきたでしょう？

これは住宅や災害についての章でも書いていますが、開発可能なまとまった土地が出て、自由に絵が描ける機会というものはそう多くはありません。その機会をどう活かすことができたのか、という視点

写真21

から工場跡地の再開発を見てみると、時代背景やさまざまな巡り合わせが見えてきて、なかなか味わいがあります。

80年代のバブルの時期には娯楽施設やホテルを備えた商業施設といったキラキラした開発がずいぶん行われ、近年は医療・バイオなどの研究機関やオフィスを集積させようという野心的な取り組みも見られますが、商業施設と住宅を中心に据えつつ、病院や大学などを誘致するといった現実的選択が取られることが多いようです。

余談ですが、アメリカの製造業都市の再生においては、地域で雇用を生み出すことができ、地域のサービス産業を潤すことのできる医療機関や成長産業、そしてそこに優秀な高学歴の労働力を供給できる大学の存在が大きなインパクトを持っています。

写真21はボストンの隣にあるケンブリッジ市のケンダルスクエア。かつては栄えた製造・港湾エリアですが、衰退期を迎え、その後に医薬やITなどの産業の集積を図りV字回復を果たしたエリアです。近くにハーバード大学とマサチューセッツ工科大学という世界的に有名な大学があり、優秀な労働力の確保が容易であること、大学との共同研究が進めやすいことなどが、新たなクラスターの創生、そして地域再生の重要なポイントになっています。

コラム

和田岬の駄菓子屋で知った地域産業の状況

兵庫県和田岬でのWalkin' Aboutでは、駄菓子屋で海上自衛隊の30代ぐらいの男性と、同僚の娘さんという小学生の女の子と出会いました。

三菱重工ではこの頃に潜水艦を作っていて、海上自衛隊から約２５０名が神戸に来ていました。船舶の製造では艤装《ぎそう》といって、本体が完成した後に船内に設備を取り付ける工程に自衛官が立ち会い、それに1年間近くかかるのだそうです。

単身赴任の人もいれば家族で来ている人もいて、翌年3月の完成まで彼らは艤装員宿舎というところに滞在しているそうです。男性は横須賀から、女の子は広島・呉から来ていて、工程が進むと今度は佐世保に行くのだそうです。

和田岬は三菱重工・三菱電機がある企業城下町ですが、造船の主力が長崎に移ってからは原子力関係にシフトし、東日本大震災で原子力が止まってからはＭＲＪ（国産航空機）開発に注力し、開発費の問題で停滞していたとニュースで聞いていましたが、近年は潜水艦製造の仕事で地域経済は支えられていた、というお話でした。

第 4 章
【サービス業】から読みとく

写真１

1 街道筋に残る昔からの商売

交通から地域の文脈を見る

写真１は神戸市中央区の湊川神社そばの風景です。手前の表具屋には大きく「額、ふすま、掛軸、和雑貨」と書かれていますが、奥には「琴」と書かれた和楽器屋、そして仏壇屋と続いています。お店の前を走る多聞通りはかつての西国街道を拡張してできていますが、街道筋にはこのように、文脈の古い商売が残されていることがよく見られます。

大阪市住之江区にある安立《あんりゅう》中央商店街は、かつての紀州街道に当たります。この商店街にあった写真２のお店（残念ながら閉店しています）には、「川魚料理専門店」という看板がかかっています。提灯に「うなぎ」と書いてあるのでうなぎ屋だと分かりますが、商店街には他に「ふな」という名前がつく川魚店もあります。魚屋でふなやこいを買うことは大阪ではほとんどなくなっていますが。

街道筋にある古くからのお店には、〝うなぎの寝

写真2

写真3

床”と呼ばれる、間口が狭く奥行きが長い形をしているところが多く見られます。こういう形になったのは、商人への賦課金が一般的に間口の幅に比例して決められていたためだと言われています。奥のスペースは帳簿や材料・在庫の管理、生活空間として使われていました。**写真3**は京都市伏見区・伏見街道に沿って建っている茶舗ですが、右側のお店がセットバックしていることで奥行きの深さが際立っています。鉄道や車がなかった時代のメインストリートであった街道が栄えた地であったということが、こうしたことからも窺えます。

　こうした昔からの商売が残っていると、文化の奥行きを感じられて素晴らしいのですが、一方で今の若い人たちは額や掛軸やお琴を買うのだろうか、これらの商売はこれからも続けていけるのだろうかという心配が頭をよぎります。こういったお店を商業振興という観点からだけでなく、地域文化の振興、まちづくりという観点からも捉え直し、地域として支える取り組みが望まれるところです。

写真4

2 飲食街化する商店街

フルセットから飲食・サービス業へ

写真4は大阪駅から東にある阪急東通り商店街です。「何が珍しいのか?」と思いますよね。ポイントは「もはや〝商店街〟ではない」という点です。

戦後に全国各地にできた商店街には、洋品店、呉服店、履物店、帽子屋、布団屋、金物屋、書店、文具店、タバコ屋、酒屋、茶舗、薬局などが並んでいて、それに接するように魚屋・肉屋・八百屋・豆腐屋・漬物屋などの食料品を扱う市場が位置していました。生活に必要なものを商う専業店がフルセットで存在するのが商店街だったわけですが、スーパーマーケットやショッピングセンター、コンビニエンスストアなどの登場によって買い物環境が大きく変わり、廃業する商店が出てきたときに、人通りのある立地では飲食店、呑み屋、美容院、医院、学習塾やさまざまなチェーンショップなどが出店するようになりました。特に商店街として栄えていた場所では、店舗

写真5

の区画が大きく、保証金も高額になるため、個人店ではなく、賃料負担力の高いチェーンショップに置き換わる傾向にあります。逆に人の流れが途絶えてしまった場所では、シャッター商店街に、そして元商店街に変わっていく場所も全国にあまたあります。

面白いのは、そんなに規模が大きくなく、そんなに廃れていない商店街が、店主の高齢化などで徐々にお店を閉めていく時に、個人経営のお店に変わっていくという傾向です。個人が小資本で開業するのに適した小規模な店舗物件があり、人通りがある程度確保されていると、そこは一種のインキュベーションとして機能します。

写真5は、大阪市北区中崎町近くにある天五中崎商店街です。十数年前には履物屋や帽子屋なども健在で、フルセット感がまだ残っていましたが、徐々に若い人が経営する飲食店に変わっていく時代の移り変わりがちょうど進んでいる商店街です。

写真6

3 ショッピングセンターの変遷

需要と法律が変える商業

写真6は兵庫県尼崎市にある阪急塚口駅南側の「さんさんタウン3番館」にあった和菓子屋です。2017年（平成29年）の秋に同館の閉館直前にWalkin' Aboutを開催した時のものです。

さんさんタウンは1978年（昭和53年）に市街地再開発事業によって整備されました。それまで駅の南側には映画館と商店街、ゴルフ練習場などがあり、バスやタクシーが乗り入れる駅前は狭く混雑していたそうです。そこに大規模ターミナル広場を設け、周囲にビル3棟を建てて店舗や住宅を配する計画が掲げられました。ダイエーを核店舗に小売店、飲食店、映画館を備えた複合商業施設は、当時かなり目新しいものだったようです（写真7）。

Walkin' About開催時には、3番館内に昔の駅前の写真が展示してあったのですが、そこにはかつて商店街にあった和菓子屋が写っていました（写真8）。

写真7

写真8

さんさんタウン展示写真から（2017年10月28日撮影）

このように市街地再開発事業では、もともとあった店舗の権利《けんり》床《しょう》を保証し、いわば取り込む形で進められていたことが分かります。

その後1985年（昭和60年）に、塚口駅から北東に約1kmのグンゼの工場跡地に「つかしん」という都市郊外型の複合施設がオープンしました（写真9）。セゾングループの創業者・堤清二が提唱した街づくりの理念を体現したこの施設は、西武百貨店を核店舗にショッピングモール、レストラン街、映画館を備え、広域から集客できる複合施設として一世を風靡する存在となりました。

その後2002年（平成14年）には、JR伊丹駅そばにあった東洋ゴム工業跡地に5万m^2もの商業施設面積を誇る「ダイヤモンドシティ・テラス」（現イオンモール伊丹）がオープンしています。2000年（平成12年）に大店法（大規模小売店舗法）が廃止され、大店立地法（大規模小売店舗立地法）が制定されたことで、こうした大規模ショッピングモールの建設が可能になっていたのです。

つかしんの経営は打撃を受け、2004年（平成16年）には西武が撤退しましたが、その後経営母体をグンゼに移し、平和堂を核店舗に床面積を拡張し、天然温泉を備えるなどのリニューアルを重ねて現在に至っています。行ってみると、多くの方が自転車で

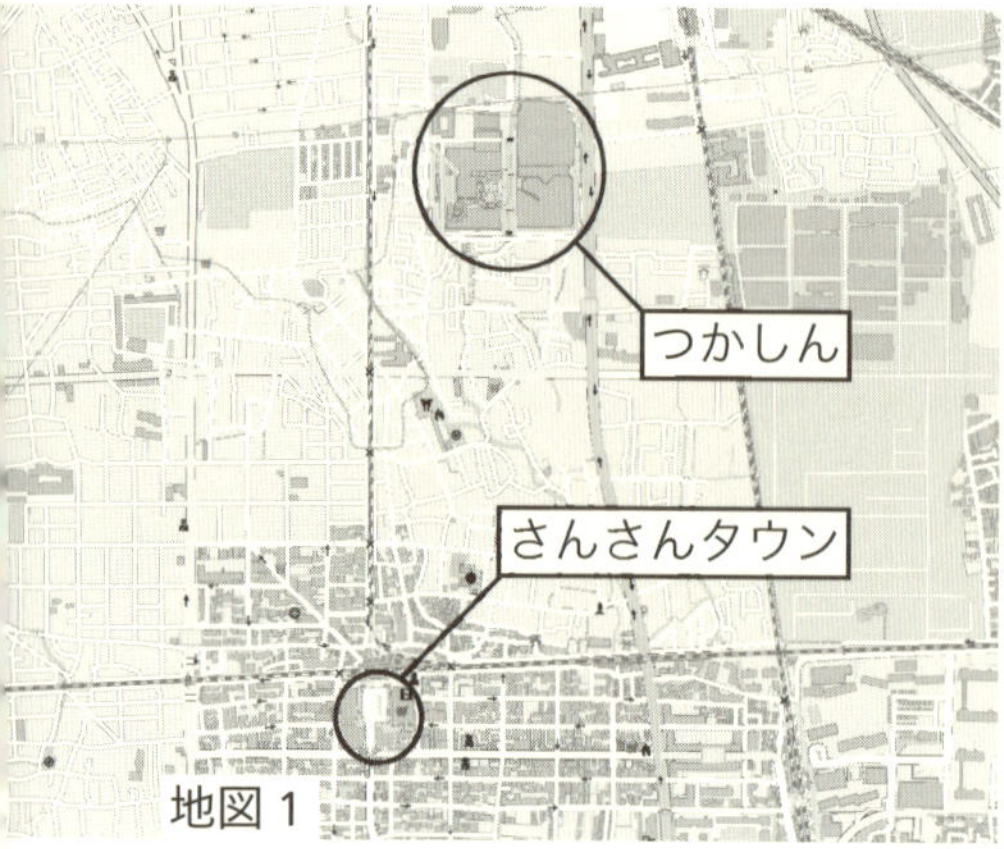

地図１
© OpenStreetMap contributors

写真９

来ていることに気づきます。地元に根差したコミュニティに支えられるショッピングセンターとして生き残りを図っているようです。

一方で、２０００年以降に全国各地に大規模ショッピングモールが建設されたことで、中心市街地の衰退が進んだことから、２００６年（平成18年）には「まちづくり３法」は改正され、郊外への大型商業施設の出店が原則禁止されています。

このように、駅前商業店舗と郊外大規模小売店との間では、消費者のニーズと法制度の間でのシーソーのような動きが起こっています。また高齢社会の到来も視野に入れると、歩いて買い物ができる駅前も見直されてくるでしょう。さんさんタウン３番館に入っていたダイエーが閉館を機に、「イオンフードスタイル」として１番館に移転するというあたりに、環境の変化に対応した戦略を見て取ることができます。

そうした複雑な時代の流れの中で、この和菓子屋はさんさんタウン３番館閉館のタイミングで廃業を決められました。すぐ近くに工場もあったのですが、職人の高齢化で作るのが大変になってきたことから決断されたそうです。中に栗の入った小さなお饅頭をいただきました。とても上品な味がしました。

写真10

4
必然的にそこにあるお店
商いからわかるまちの姿

兵庫県南東部・川西市畦野《うねの》の国道沿いにあるレストランです。入り口に「ゴルフコンペ宴会　十名様（1名）千円より」という張り紙があります（**写真10**）。辺りを調べてみると、周辺には十数ヶ所のゴルフ場があり、このお店はゴルフ場から帰る時に必ず通る、パチンコ台の下の穴のような場所に位置していることが分かります（**地図2**）。つまりここには、ゴルフ後の食事や宴会のニーズが局地的に見込めるのでしょう。

京都・河原町のほど近く、四条木屋町から少し北に上がったところに食料雑貨店があります（**写真11**）。店内に入ると、お惣菜やお弁当を作って売っていて、棚には業務用のチャーム（おつまみ）が充実し、タバコは250種類置いています。その他にも、氷、レモン、ライム、グレープフルーツ、大葉、トランプ、花札、クラッカー、領収書などを扱っておられまし

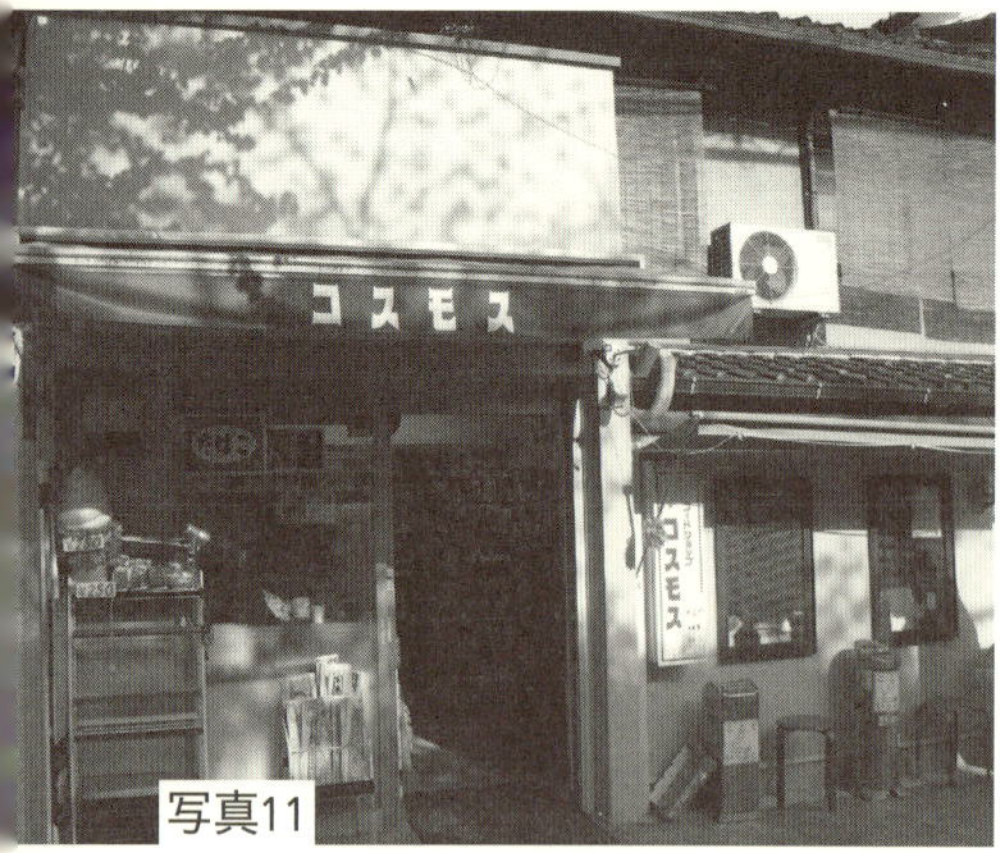

写真11

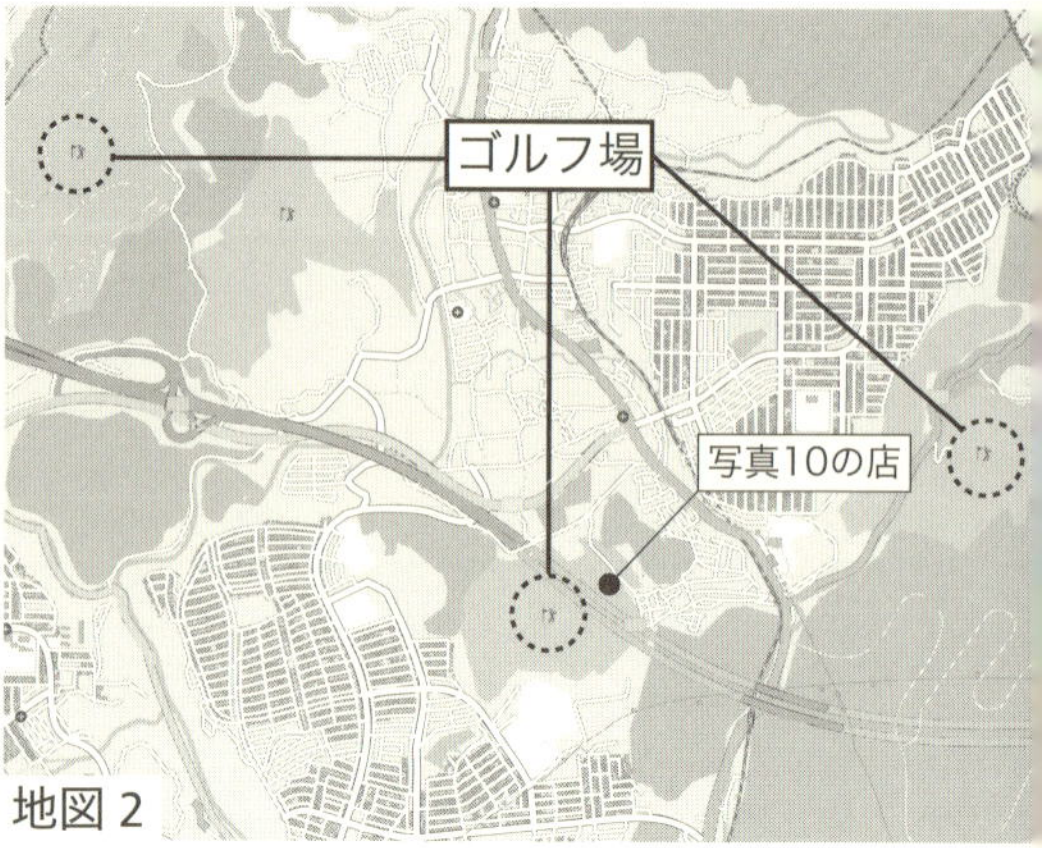

地図 2
© OpenStreetMap contributors

た。このお店は周囲に集積するスナックやクラブに必要なものを感度高く集めた品揃えになっていて、近所のお店の人たちが、足りないものがあるとまずここに駆け込む場所になっているのです。

このお店が開業したのは今から40年ほど前。経営者はお店を出すにあたり、街を行く人々を観察し、彼らが求めているものをお店に並べるようにしたらこうなった、という話をうかがいました。

まちにはこのように、派手さはないものの、地域の必然の上に正しく乗っている商売というものがあります。特にその地域の経済連関の一部であるかのように成立しているお店からは、表面的にはなかなか気づかないまちの新たな側面と出会うことができます。Walkin' Aboutでは、こういう「必然的なお店」を見つけて話を聞いてくるのが静かなブームになりつつあります。

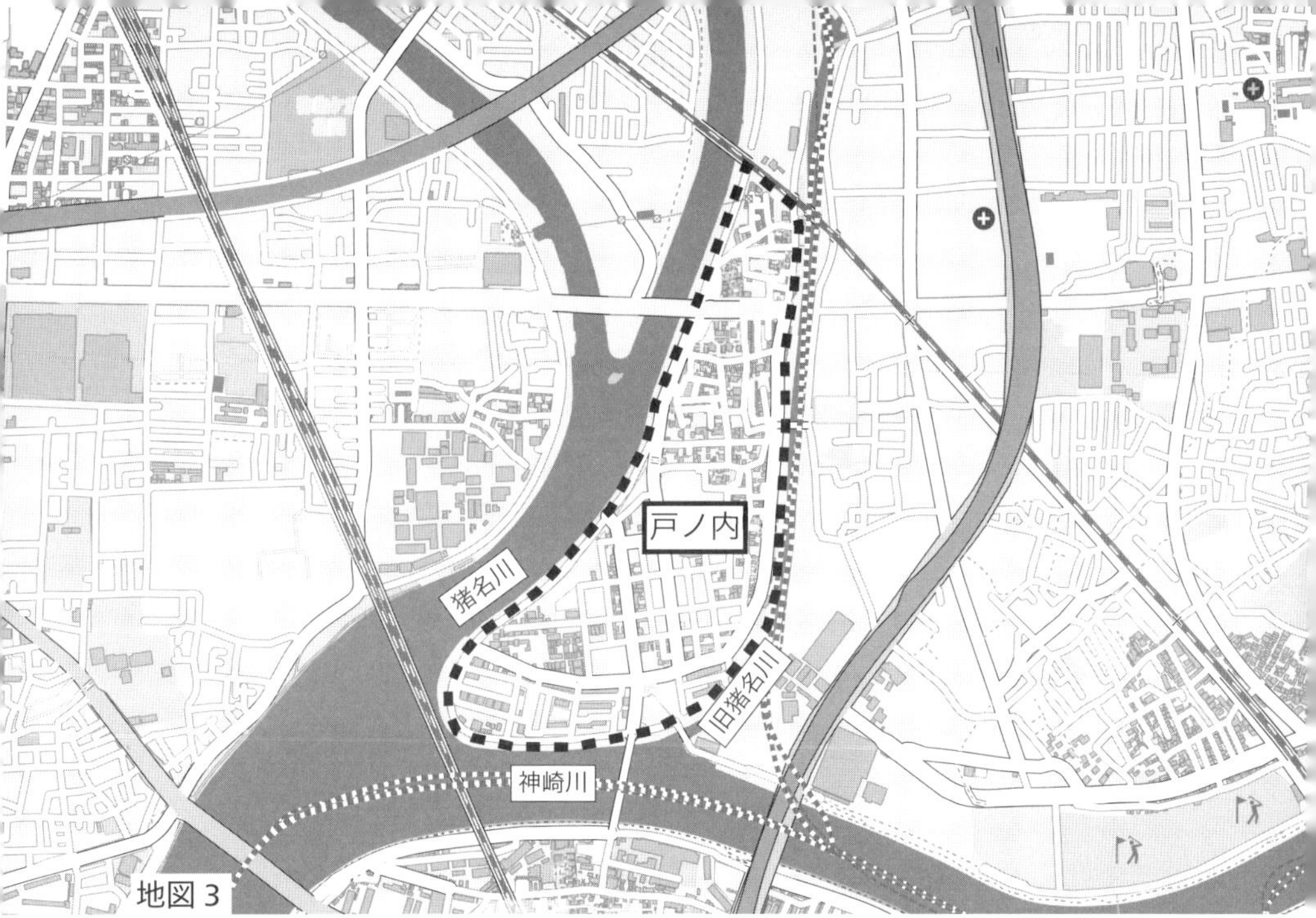

地図 3
© OpenStreetMap contributors

5 同郷コミュニティのお店

移民の歴史とまちの成り立ちを知る

兵庫県尼崎市戸ノ内という、猪名川、旧猪名川、神崎川の中州のまちに「より道」という沖縄料理屋があります。ママは沖縄本島の本部《もとぶ》出身で、ここでお店を始めてもう40年近くになります。大阪の沖縄コミュニティとしては大正区が有名ですが、この戸ノ内にも小規模なコミュニティが存在しています。

戸ノ内に沖縄出身者が住むようになったのは、昭和5、6年頃のことです。第一次大戦後に戦後不況と黒糖価格の暴落により、沖縄ではソテツ地獄と呼ばれる飢饉が起こりました。救荒食としてソテツを食べた人たちが食中毒で亡くなったことからそう呼ばれたそうです。多くの人々が仕事を求めて大阪や神戸、阪神間に移り住みましたが、そうした移住者の中で、西成区で養鶏をしていた人たち、西淀川区で素灰《そばい》（練炭の材料）や、から消し（消し炭）を作っていた人たちが、周囲の苦情を受けてこの中州の先

写真12

端に移り住んだのがきっかけだと言われています。その後親戚友人知人を頼り、この地に沖縄出身者が集まってきました。

戸ノ内では、毎年旧盆に「道じゅねー」と呼ばれる祭りが行われます。琉鼓会の若者たちが、祖先霊があの世に戻れることを祈願しながら、エイサーを踊り、太鼓を叩き、地域の家や事業所を練り歩きます。ふだんはひっそりとした街ですが、この日にはこんなに人がいたのかと思うぐらいに通りに人があふれます（**写真12**）。

こういう「同郷コミュニティのお店」も「必然的なお店」の一種です。そこに足を運んでいると、彼らがなぜこのまちにやって来たのか、どんな仕事をしてきたのか、どんな民俗や風習を守り伝えてきたのかなど、多くの興味深い話を伺うことができます。

神戸・北野にある神戸ムスリムモスクの前には、ハラル食材を扱う雑貨店があります（**写真13**）。中にはスパイス、肉、飲料、乾燥食品などが並んでいます。僕がWalkin' Aboutで行った時には、ヒジャブを頭に巻き、いちご柄のエプロンを着たマトリョーシカ人形みたいな女の子が立っていました。彼女は日本人とインドネシア人のハーフだそうで、話しかけてみると流暢な日本語で応じてくれました。以前は日本人の女の子として暮らしていたけれど、

写真13

イスラムの教えに帰依するようになり、縁あってこのお店で働くようになったのだと。

ヒジャブを巻くようになったのも2年前から。巻くことで、神とともにあるという安心感を持てるようになった。それまでは向かいのモスクには、ラマダーン明けのお祭りの時には来たことはあったけど、信仰のために足を運んだことはなかった。いまはここでの神とともにある生活がとても幸せ。

1867年（慶応3年）の開港以来、神戸にはさまざまな国の人たちがやって来て、さまざまな文化や風習や宗教を持ち込みました。特に北野周辺には、神社や仏教寺院の他にムスリムモスク、ジャイナ教寺院、シーク教寺院、ユダヤ教会堂、プロテスタントのバプテスト教会、カトリック教会、正教会、また三国志の武将・関羽を祀った関帝廟などが存在しています。

僕自身は出会ったことがないのですが、北野の北

写真14

側にある再度山《ふたたびさん》に向かう途中の山中にある茶屋には、華僑やインドの人たちが常連客としてやって来るそうです。開港地だったからこそ根付いてきた文化的多様性に触れることのできる場所があるというのも、神戸の奥深いところです。

　ボストン近郊の都市には、アジア系、ヒスパニック系、ヨーロッパ系、ユダヤ系、アフリカ系アメリカ人などが集住するエリアがあちこちに存在し、それぞれのエスニック・グループ向けのお店が多様に存在します。**写真14**はチェルシー市の旧市街の一角ですが、メキシコ、エルサルバドル、グアテマラのお店が並んでいるのが見えます。こうしたお店の多くは、コミュニティの内部で閉じています。安全で豊かな暮らしを求めて国境を越えて来たものの、言葉の壁、経済的格差、人種差別などに阻まれ、移民コミュニティの中で肩を寄せ合って暮らしていかなければならない現実がそこにはあります。それは日本においても存在する現実で、かつ今後海外からの労働力にこれまで以上に頼るようになると、問題はさらに顕在化します。こういう場所に足を運ぶこと、そこにある文化的多様性を評価することは、実は社会の分断を防ぐためにも大事なことなのです。

写真15

6 高齢化に対応する商売

コンビニは公共施設化している

阪急京都線相川駅（大阪市東淀川区）から東へ、井《い》高野《たかの》団地へと向かう途中にある商店街に、2014年（平成26年）にコンビニができました（写真15）。それが最近の近所の話題だと、近くのお好み焼き屋で聞きました。それまでもスーパーはありましたが、高齢化が進むまちでは、1ヶ所で買い物や銀行振込などが済ませられるコンビニは重宝されるようです。

70代、80代になってきて、体の自由がだんだん効かなくなってくると、行動範囲はおのずと狭まってきます。この話のように、ワンストップで買い物や用事が済み、配達までしてくれるコンビニができれば、地域の高齢者はありがたく思うでしょう。

兵庫県尼崎市の戸ノ内にも数年前にコンビニができました（写真16の奥）。地域からは何十年か前にスーパーがなくなり、買い物のためにバスに乗って川を渡り、阪急園田駅まで行く人も多いのですが、高

写真16

写真17

齢になった住民にとっては負担になっていると近所の喫茶店で聞いていたので、この話は朗報に思えました。

コンビニ各社では近年、介護事業者がフランチャイズオーナーとして店舗を運営したり、医薬品を取り扱ったり、自治体と見守り協定を結んで高齢者の保護に対応したり、移動販売を行うなど、高齢者向けのサービスを拡充しています。地域の拠点として公共的な役割を果たす存在となってきているのです。

まちを観ていると、また違った側面から高齢化を感じることがあります。**写真17**は、大阪府河内長野市の南花台というニュータウンにあるコンビニです。ここは10年ほど前にできたのだそうです。お店の入口付近には菊の花が置かれているのが見えます。菊はお墓や仏壇に供える花ですので、地域には連れ合いや家族を亡くされて独りで暮らしておられる方が多いのかも知れません。港のところで見たように、コンビニも一様ではないので、詳しく観察するともっといろんなことが見えてくるはずです。

ともかくも、コンビニがある場所、出来ている場所であれば、そこに駆け込めば多くのことは何とかなります。まちのことを考える時には、高齢者が多いのにコンビニもスーパーもない、という事実に気づく感受性も同じく大事です。

写真18

7 外国人観光客に対応する商売

インバウンドで劇的に変わる市場と商店街

写真18は大阪ミナミの黒門市場の風景です。パックに入れられたにぎり寿司や刺身が店頭に並び、日本語と中国語、ローマ字で表記されています。右側のまぐろ、サーモン、いくら、ウニの入ったにぎり寿司には4800円という値段が付けられています。これらの商品は購入後に店内のイートインスペースで食べることができます。これは主に中国からの観光客をターゲットにしたサービスです。

　黒門市場といえば戦前から続く大阪ミナミの台所として、庶民に愛され、またミナミの繁華街の飲食店に食材を供給し続けてきた伝統ある市場ですが、数年前からここに外国人観光客が大挙して押しかけるようになりました。この状況は「食べ歩き」をテーマにした商店街振興組合のプロモーションとお店の対応が功を奏した結果だそうで、他のお店でもエビやカニ、高級果物などに多くの観光客が集まってい

写真19

ます。

訪日外国人観光客の数は２００３年（平成15年）には５００万人程度でしたが、２０１８年（平成30年）に３千万人を超えています。その多くはアジアからで、大阪ミナミを歩いていると、まちなかから中国語や韓国語がさかんに聞こえてきます。

写真19は、２０１８年末現在の心斎橋筋商店街の様子です。ドラッグストアがひしめきあい、店内では多くの中国人従業員が化粧品や医薬品を大量に購入していく中国人観光客の接客をしています。代理購買といって、訪日客や留学生が依頼を受けて大量買い付けを行ったりもしているそうで、今では２kmのアーケード通り沿いだけで40店舗ほどのドラッグストアが出店しているそうです。賃料は高い場所で月坪30万円前後にまで上がっているそうで、儲けを出せる限界の家賃が月３万円程度の飲食業、月７〜８万円のアパレル業ではもはや出店不可能なレベルに達しているのだとか。まちの持続可能性という観点からみると、今のミナミは非常に危ういバランスの上にあるように思えます。

写真20

8 宿泊客に対応するハコモノ

どこもかしこも宿屋になる時代

２０１８年（平成30年）春にＪＲ京都駅周辺でWalkin' About を開催した時に、駅北側のホテルの建設予定地で埋蔵文化財の発掘調査を行っていました（写真20）。文化財保護法では、埋蔵文化財があるとされる土地で開発行為を行う場合には届出を出す必要があり、開発中に埋蔵文化財が発見されると、発見者は現状を変更することなく文化庁長官に届け出なければなりません。つまり開発には発掘調査の手間と期間と資金が必要になり、重大な発見があれば工期が延びる可能性もあるわけですが、それをカバーして余りあるほどに開発に魅力があるのでしょう。

東本願寺の北側の烏丸通りにあるホテルカンラ京都（写真21）。このホテルはかつての代々木ゼミナールの建物を転用しています。京都駅から徒歩12分ほどの好立地が活かされています。

京都駅周辺では２０１８年現在、外国人観光客の

写真21

写真22

増加によりホテルが盛んに建てられています。市長が「客室が1万室足りない」とアピールしたこともあってか、2020年の東京五輪を見据えたホテルの建設ラッシュが起こっています。「供給過剰？」との声も聞かれるほどです。京都市内では歴史的景観を保つために建築物の高さを制限していますが、駅南側はこの規制が比較的緩く、かつ交通至便であることから、特に数多くのホテル建設が進められています。

宿泊ニーズに対応しようとしているのは大資本ばかりではありません。**写真22**は京都駅南側の住宅地で見かけた、ゲストハウスに用途変更しようとしている住宅です。

2018年6月に住宅宿泊事業法（民泊新法）が施行されたことで、一定の要件を満たした住宅において旅行者や出張者などに宿泊サービスを提供することが可能になりました。こうした背景から、京都では大手も個人もこぞって宿屋をつくっているのです。

多くの人が住みたい、訪れたいと思うまちには開発圧がかかり、その結果「ジェントリフィケーション」と呼ばれる、長く暮らしてきた住民が地価や家賃の高騰のためにそこに住み続けることができなくなるという現象が起こります。宿泊客に対応するインフラが充実する一方で、京都にはその兆しが見えてきています。

写真23

9 賃料負担力がつくる風景

チェーン店ばかりの風景は変わるか

写真23は東京・神田駅前のテナントビルです。チェーン店であるコンビニ、喫茶店、居酒屋によって占められている、駅前でよく見かける光景です。看板をよく見ると、最上階には銅や真鍮やアルミなどを扱う、ビルと同名の会社が入っています。

もともとは一階にあった工場か商社の事務所の建物を建て替えた際に、立地のポテンシャルを活かしてテナントビルとしたのでしょう。

自然に人が集まる場所であることから、駅前では賃料は必然的に上がります。そのことで駅前からは個人経営のお店が駆逐され、賃料負担力のあるテナントで構成される、どこにでもある駅前の風景に変わっていきました。アメリカの社会学者、レイ・オールデンバーグは、著書『サードプレイス』の中で、かつて人々が親しく交流したカフェや居酒屋、床屋、美容院などが、個性によるつながりを生み出さない

写真24

「非―場所」(ノンプレイス)に変わっていったと指摘していますが、日本の多くの駅前はすでに、かつてそこが場所(プレイス)だった時の風景を想像できないほどに、すでに変わっているのです。(71頁のさんさんタウンができる前の商店街の写真を今一度ご覧ください。)

写真24のビルは大阪府大東市の住道《すみのどう》駅前にある、いわゆる「サラ金ビル」です。よく見かける風景ですが、では、なぜ消費者金融ショップは同じビルに出店するのでしょう?

調べてみると、いくつかの理由があるようです。消費者金融は多くのビルオーナーや他テナントに快く思われないため、入居を認めてくれるビルが少なかった。1993年(平成5年)にアコムが自動契約機「むじんくん」を投入して以降、省スペース化が可能になり、狭いゆえに用途が限られる駅前のペンシルビルにフィットした。同じビルに入った方が目立って集客につながる、借り手にとっては同じビルの中で金策に走り回れて便利、などなど。近年は法改正による経営環境の悪化、業界によるサラ金ビルの自主規制、オンライン化、大手銀行の系列化による実店舗・独自店舗の必要性の減少などでなくなりつつある存在のようですが。

写真25

10 キャッチされる街
まちを荒廃からどう守るか

写真25は大阪ミナミ・宗右衛門町です。「無料案内所」の看板がそこかしこに見えます。

キャバクラやホストクラブ、風俗店にお客を送り込み、お店からその紹介料を受け取るというのがそのビジネスモデルですが、この商売が大阪に目立ってきたのは２００１年（平成13年）に「ぼったくり防止条例」が制定されて以降のことです。直接客引きができなくなったために作られたはずのものですが、相変わらずキャッチは横行し、派手な看板、バルーン、電光パネルとともに裏町の風景をすさんだものにしていきました。

東京上野・仲町通り（写真26）の路地奥の酒場でこんな話を聞きました。

このあたりでは最近、家賃が高騰している。60万、80万はザラ。普通の商売では払えない。

写真26

昔からの商売人は、すいぶん店を閉めている。最近はキャッチが横行して問題になっている。

もともと、このあたりの土地を持っていたのは日本人。それが相続の段階になって、不動産屋に売ってしまう。不動産屋は、それを外国人に売ってしまう。今では不動産を持っているのはほとんど外国人。

仲町通りに出てみると、街角には「キャッチには付いていかないでください、絶対にぼったくりです、高額の支払いを要求されます」というアナウンスが流れ、警察官も注意を呼び掛けていますが、彼らキャッチはどこ吹く風という体で現れます。

まちに暮らし、長い目でみてまちを良くしていこうということに興味のない人たちが投資目的で家主になると、家賃が法外に釣り上がり、街が荒廃する。このまちは、残念ながらそういうことになりつつあるようです。

経済活動が活発に行われている場所には、経済合理性を極端な形で透徹させようとするプレーヤーも登場します。こうしたキャッチャーからまちや風景を守るためには何が必要なのだろうかと、キラキラした風景を前にしながら思います。

コラム

西宮卸売市場の喫茶店で聞いた昔の商売の話

西宮卸売市場（撮影：西宮流）

西宮卸売市場の一角で、50年以上も喫茶店を続けてきて、卸売市場の変遷を見てこられた店主に、こんな話を伺ったことがあります。

昔は市場の中に、仲卸の店が120店ほどあった。今は30店ほど。商売は今でも続いとるが、後継者がいなくて閉めるところも多い。

昔は買い出しも多かった。今はスーパーのバイヤーは一人で来るが、昔は小売店の数だけ来るので、うちのような周りの商売も賑わった。

朝4時、5時に買い出しに来て、市場の中で朝食を食べよった。最近は帰ってから食事をする余裕があるようで、そういう客も減った。

昔は冷蔵庫があらへんかったから、仕入れた野菜はその日に売り切らんと丸損になった。どのタイミングで値下げして売り切るかが腕の見せ所やった。小売の方でも同じで、どのタイミングで買うか、その丁々発止を毎日やっとった。値を下げた野菜を買うて漬物を作って儲けとったおばあさんもおった。学才はなくとも商才があれば、商売を大きくできる、そういう時代やった。

今は大阪や神戸の市場は、伝票で管理されとる。値が下がってきたら「これ以上は負からん」と伝票を見せて商談をしとる。昔はみんないい加減やったが、商売も人間も面白かった。今はそういう人が少なくなったなぁ。

「早起きは三文の得」いうが、ほんまにそう。早う来て、買い物を済ませたあとに、今日は品薄やと分かって、値が上がることがある。そうなると、先に安く仕入れた店は、他の店よりも安い値を付けられるんで、売れていくわな。

卸と小売の駆け引きの中で、「もっと安く」「これ以上は無理」と折り合わん場合がある。その時に、「じゃあ、いくらいくらで10箱置いといて」と言うて別れたりする。やけどそれで商売が決まったんとは違う。他の仕入れを済ませてトラックに戻ってきた時に、車に10箱が積み込まれていれば取引は成立、なければあかんかったっちゅうことや。そういうやり取りを、彼らはしとる。

長いスパンで社会を眺め続けてきたご主人には、社会がどのように合理化されてきたか、それが人々の考え方にどう影響してきたかがクリアに見えているのだなと、お話を聞くたびに思います。そして僕は、いまの社会を相対視するための視座をご主人からいただいているのだなと。

第 5 章

【住まい】から読みとく

写真１

1 鉄道事業者が開発した郊外住宅地

小林一三モデルが生んだ風景

写真１は大阪府藤井寺市の春日丘という住宅街です。立派な日本家屋と松の木、そして瓦をあしらった塀が見えます。ですが、家の前を道路がまっすぐに走っていることにお気づきでしょう。ここでは計画的に道が通されていることが分かります。

１９２９年（昭和４年）の地図を見てみましょう（地図１）。

近鉄藤井寺駅の少し西側から、南西方向に向かって斜めに道が通されています。その先には野球場（藤井寺球場）があり、さらにその先には教材園という自然体験学習施設が設置されていました。春日丘はこの斜めの道の下側にある、街路が縦横に通されているエリアです。

藤井寺駅周辺の開発を手掛けたのは大阪鉄道（現・近鉄南大阪線）です。１９２０年代後半に「藤井寺経営地計画」に基づき、上下水道、商店、旅館、幼稚園

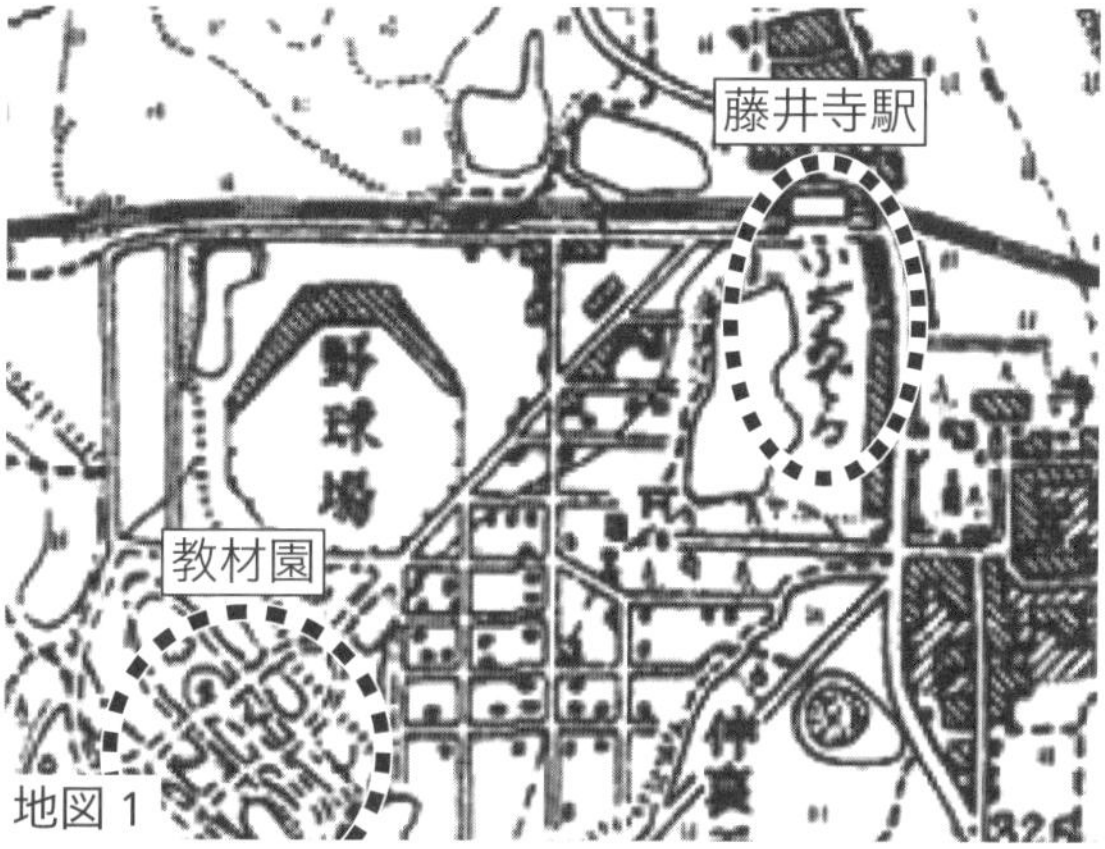

出典：国土地理院地図 1/25000「古市」（昭和 4 年修正・昭和 7.9.30 発行）
※囲み文字は筆者加筆

などの生活施設や野球場、運動場をあわせ持った宅地開発を手がけています。

写真２は兵庫県西宮市浜甲子園の個人邸宅です。和風を基調としていますが、窓のあたりには洋風のテイストも見られる面白い建築です。

この住宅は阪神電鉄が開発し、１９３１年（昭和６年）に造成が完了した「浜甲子園健康住宅地」の一角にありました。実はこの写真は２０１５年に撮ったもので、その後建て替えられていて、この住宅はもはや存在しないのですが…

後に触れますが、甲子園にはもともと武庫川の支流である枝川と申《さる》川が流れていました。武庫川の改良工事にともない両川は廃され、河川跡は阪神電気鉄道により住宅地、行楽地として開発されました。この住宅地のすぐそばには大運動場（のちの甲子園球場）や「甲子園浜海水浴場」「甲子園娯楽場（のちの阪神パーク）」などの娯楽施設が設けられています。

実は藤井寺と甲子園の開発を手掛けたのは、ともに大屋霊城《おおやれいじょう》という造園家・都市計画家です。彼は１９２１年（大正10年）に１年間ヨーロッパに渡航し、イギリスやドイツの田園都市や郊外を視察し、「花園都市（のちに花苑都市）」という郊外住宅地のプランを

提唱しており、大阪鉄道や阪神電鉄が彼のプランのもとに開発したのがこれらの街だったのです。

鉄道会社による郊外地開発のモデルとして一般的に有名なのは、阪急電鉄の創始者・小林一三氏です。鉄道の旅客需要を生み出すため、ターミナル駅に百貨店を設ける一方で、郊外には野球場、温泉、歌劇場などのレクリエーション施設を建設するとともに住宅地や別荘地を開発しました。鉄道事業者としてだけでなくまちづくりのディベロッパーとして開発に関わり、安定した旅客需要を確保するこのビジネスモデルは「小林一三モデル」と呼ばれ、私鉄による多角経営の先駆けとしてよく知られています。

田園都市の提唱者であるエベネザー・ハワードがもともと思い描いていたのは、郊外に住宅だけでなく工場や事務所なども建設し、職住近接の暮らしを実現するというものでしたが、実際に出来上った田園都市のほとんどは郊外住宅地でした。そんな中、日本のモデルが独特だったのは、田園都市と言いつつも、その開発を鉄道会社が行ったという点でした。鉄道会社が副業として不動産業や遊園地経営を行うという多角化モデルはアメリカのインターアーバン（都市間鉄道）にも存在したのですが、沿線住宅地を鉄道会社が開発するという手法は独特で、またアメリカの場合にはモータリゼーションの普及が日本よりも早く、かつ国土が広大であったためにインターアーバン自体が衰退してしまい、郊外居住イコール自動車通勤、となってしまいました。アメリカでは今ＴＯＤ（Transit Oriented Development：公共交通指向型開発）といって、交通利便性を高めて郊外駅の周辺に住宅地開発を行い、都心の地価高騰に対処しようという動きが起こっているのですが、鉄道会社が住宅ディベロッパーを兼ねるモデルが一般化していることから、日本の大都市近郊ではすでにＴＯＤが実現できているのです。そして日本でジェントリフィケーションが顕在化しにくい背景には、比較的手頃な住宅が利便性の高い公共交通で都心とつながっているという事情があります（もちろん、人口が減っていて空き家が多いというのが大きいですが）。あらためて小林一三氏の偉大さに感謝した方がいいと思います。

写真3

2 戦後に建てられた木賃住宅
住宅難と人口増が生んだ密集住宅地

写真3は大阪府門真市石原町にある文化住宅です。関西ではこのような木造モルタル2階建ての木造賃貸住宅を「文化住宅」、同じく木造モルタル2階建てで玄関・トイレ・台所・物干し台が共同になっているものを「木賃アパート」と呼びます。「○○荘」という名前が付いていたのが「アパート」で、玄関が分かれているのが「文化」です。

文化住宅やアパートの多くは、昭和30年前後に建てられています。その背景には戦後の住宅不足と人口の急増がありました。戦争で多くの住宅が焼失し、住宅困窮者向けの公営住宅が建てられていたものの、需要には追い付いていませんでした。また1950年(昭和25年)に朝鮮戦争による特需が起こったことで、重化学工業がにわかに活気づきました。そして働き手として地方から多くの人たちが移住してきました。そうした時代背景のもと、文化住宅が盛んに

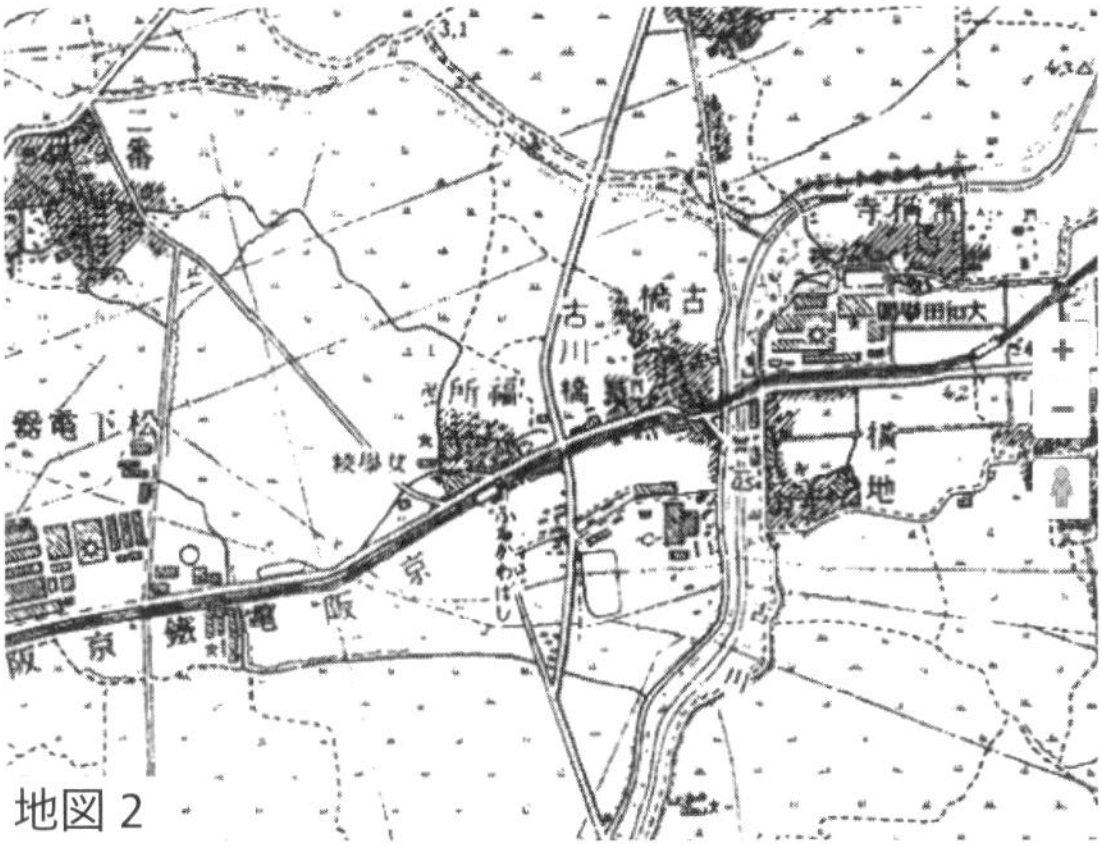

地図 2

出典：国土地理院地図大阪東北部（昭和 32 年資修・昭和 32.4.30 発行）

建設されたのです。そこには工場労働者とその家族、またニュータウン、地下鉄、高速道路、大阪万博などの建設工事の現場で働く人たちが暮らしていました。

大阪近郊の文化住宅は、門真、寝屋川、豊中市庄内に集積していて、その多くは低湿地の農地を宅地に変えて建てられています。1957年（昭和32年）の**地図2**をみると、石原町（古川橋の文字の左なめ上あたり）は古川に注ぎ込む支流が流れていた低湿地に当たり、住宅がほとんど建っていないことが分かります。その後石原町は300棟を超える文化住宅が建ち並ぶ全国有数の過密地域となったのですが、それがいかに一気に建てられたかを察することができます。

文化住宅を建てたのは多くは中小工務店で、大家は多くは零細借家経営者でした。背景には戦後の農地改革によって地主階級が土地を失い、小作人が土地を得たことで土地所有が分散化したことがあると言われています。先祖代々の土地ではない土地を得た人たちが、住宅難から土地が値上がりしていく中で、投機的に住宅を建てて借家経営に乗り出したときに建てられたのが文化住宅だったのです。

労働者や低所得者向けの住宅が建ち並ぶ地域は世界中の都市に

存在し、一般的にはスラムと呼ばれます。その特徴としては、住宅の質が悪い、衛生状態が悪い、道路や上下水道、電気などのインフラが整備されていない、不動産が合法的に取得されていない、適切な社会サービスが受けられない、貧困が集中し、犯罪が頻発し、安全に暮らすことができない、などが挙げられます。都市としての機能を満たすための計画が伴わないうちに、個別場当たり的に開発してしまったことで、対処できないほど問題が悪化する(ブラジル・サンパウロのファベーラやインド・ムンバイのスラムのように)ということが起こるのですが、日本の場合は後追いながらも法整備を行い、不良住宅を更新することで、さらなる蔓延を押しとどめることができたといえます。こうしたエリアは「木造密集住宅地」と呼ばれ、火災や地震による災害リスクが高いことから、その改善が行政における優先課題になっています。

石原町のお好み焼き屋で、店主のおばあさんからこんな話を聞きました。


このあたりは、みんな文化やった。住んでたんは、四国や九州の人が多かったなぁ。鉄筋屋とか解体屋とか、職人さんが多かった。風呂はなかったけど、家賃が安かったから、住んでた人は贅沢できた。よう呑みに来てくれた。うちの前の通りは商店街で、よう賑わっとった。

うちの前も裏も文化やったけど、どっちも火事で燃えた。どっちも漏電。40年以上前に建った時分には電化製品はそんなに多なかったけど、その後増えたんを、電源増やさんとタコ足で繋いどった。それと古い家でネズミがいっぱいおって、コードをかじったんが原因。道狭いから、消防車が入れんで往生したわ。火ぃ出たんが1軒でも、水かぶるから建て替えるわな。賃貸やから、出てってもらうのは簡単やろ。

写真4

3 ニュータウンはどこに開発されたか
オールドニュータウン再生が新たな課題

写真4は兵庫県川西市にある大和団地《だいわ》（阪急北ネオポリス）を北側から撮ったものです。能勢電鉄の線路が山裾を走り、手前に棚田状の田畑が残されています。

大和団地は主に昭和40年代後半に造成された戸建て住宅中心のニュータウンです。丘陵地を造成して開発しているのがよく分かります。

写真5は何の変哲もなさそうな森です。ポイントは竹とアカマツが生えていることと、千里ニュータウンの中にあることです。

千里東町公園（地図3）の中にあるこの森は、その南側にある上新田《かみしんでん》という集落の入会地《いりあいち》でした。入会地とは村落共同体の人たちが管理・利用していた共有地のことです。この公園は3分の1が竹林で覆われており、そこで採れた竹材は集落の人たちが使うことのできる共有財産でした。そしてアカマツは、

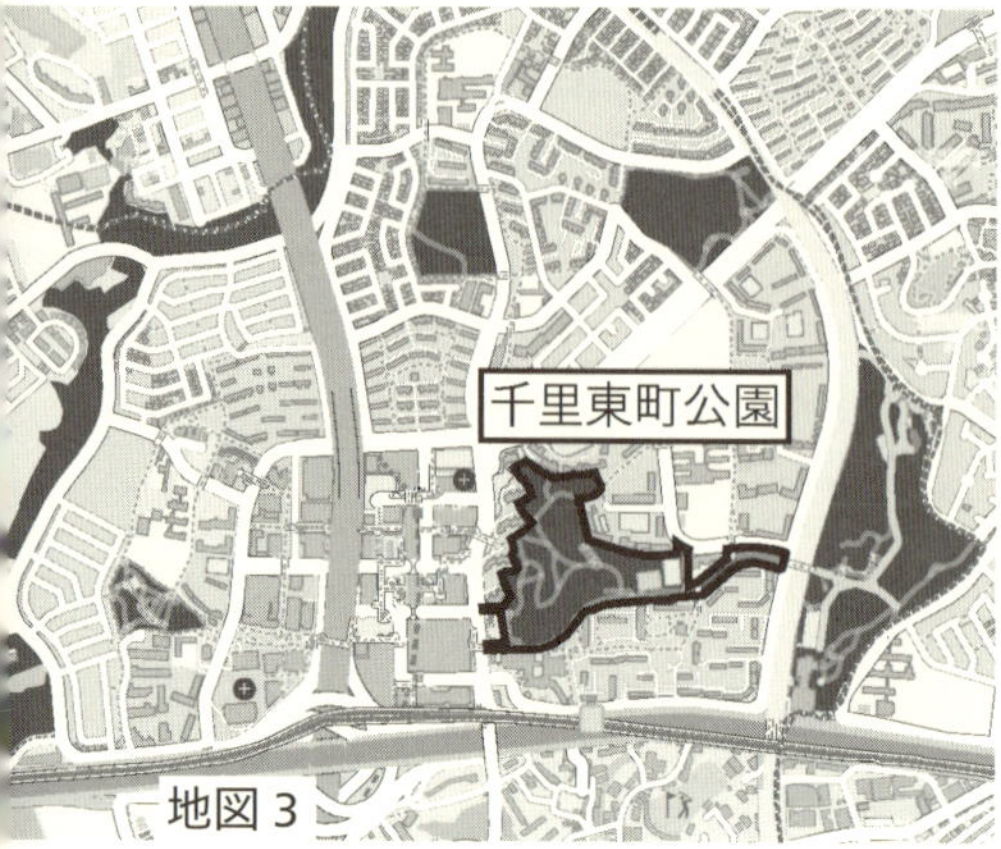

地図3
© OpenStreetMap contributors

写真5

かつては燃料として使われていました。

丘陵地にあった里山は、集落が農業を営む上で必要となる燃料や用材、肥料などを提供する大事な存在でしたが、昭和30年代以降には化石燃料や化学肥料の普及により存在意義を薄めていきました。それと時期を同じくして、この里山は住宅地内の憩いの場としての新たな役割を果たすようになったのです。

写真6は大阪市東淀川区井高野《いたかの》にある公営住宅を中心とした団地群です。ここは丘陵地ではなく、安威《あい》川と神崎《かんざき》川に囲まれた農地に開発されています。手前に水防倉庫があることから、水害リスクがある場所だと分かります。

東淀川区には1万2千戸の市営住宅のストックがあり、その多くが井高野・北江口・南江口に集中しています。大阪市の戦後の人口は、昭和40年にピークの315万人に達しましたが、そこで起こる住宅難を解消するために入手、活用することができた場所がここだった、というわけです。

これらの場所では、住宅地建設のために道路、河川、公園・緑地、下水道などの都市施設が整備されました。また都心への交通アクセスの整備が不可欠だったことから、新たに鉄道やバス路線などが引かれています。逆にいうと、先んじて計画を立てて大規模に

写真6

写真7

開発することができた場所は、都心からやや離れた、それまでは開発されることのなかった地域にあったといえます。そうして生み出された良好な住環境を誇るニュータウンですが、その多くは建設後40年以上が経過し、建物の老朽化や住民の高齢化が進むことで街全体が老いていく「オールドタウン化」の課題を抱えています。特に一斉に開発され、住民が特定の世代に固まっているニュータウンでは、将来の存続のためには世代の入れ替わりが喫緊の課題となっています。

写真7は千里ニュータウン・新千里東地区の現在の風景です。公営住宅の建て替えにともなって生まれた余剰地に民間分譲マンションが建っています。２０００年以降に進められているこうした建て替えによって子育て層が流入し、高齢化率が30％程度に留まるようになったそうです。この入れ替えが成立するかどうかは、その地域が利便性が高く、今の若い世代にとってそこが魅力的かどうかにかかっているようです。

写真8

4 都心に林立するタワーマンション

高層化はどう始まったのか

写真8は東京・佃島の風景です。漁村の文脈を残す下町の奥にタワーマンションが林立しています。この風景を見ると、さきほどと同じく「なぜここは開発できたのか?」という問いが浮かんできますね。

この風景は、佃島住吉神社の近くから北を望んだものです。**地図4**に見えるマンションの敷地の南側にある病院の名前がヒントになりそうですが、ここにはかつて石川島播磨重工業の造船所がありました。1979（昭和54年）に造船所が移転した跡地に、1990年代に「リバーシティ21」というタワーマンションが建てられました。東京のウォーターフロント開発の第一号として注目されたマンションです。

日本にタワーマンションが登場したのは1970年代のことです。20階建前後のマンションが東京の椎名町や埼玉県与野市などに建てられています。マンションの高層化が技術的に可能であることを証明

写真９

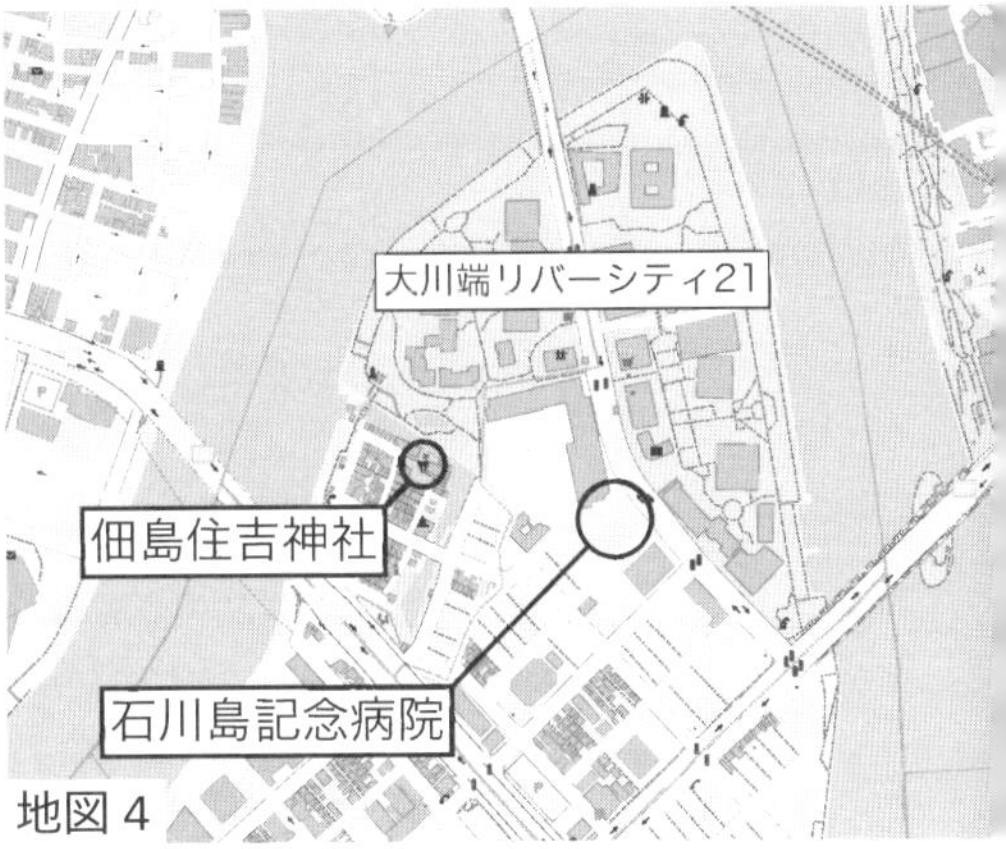

地図４
© OpenStreetMap contributors

したマンションは、高層のインパクトや最新設備、斬新な外観などで話題を呼びましたが、当時は容積率や日照権などの問題があり、また建設に必要な広い土地の確保が難しかったことから、すぐに広まったわけではありませんでした。

余談ですが、日本にマンションと呼ばれる中高層住宅が出現したのは昭和30年代初めのことです。１９６２年（昭和37年）に建物区分所有法が成立したこと、住宅金融公庫でマンションに対する融資制度ができたことで、分譲マンション普及のための法的・経済的基盤が整います。

兵庫県西宮市丸橋町に現存する関西初の民間分譲マンション「メゾン西宮」（写真９）は１９６４年（昭和39年）に建てられたものです。つまり、今マンションが建っている場所のほとんどは、昭和40年代以降のどこかでマンションが開発可能な規模の土地があった、または空いた場所だということができます。

タワーマンション建設のトリガーが引かれたのは、１９９７年（平成９年）の建築基準法の改正です。日照権や容積率などの規制が大幅に緩和され、共用廊下やエレベーターなどの面積が容積率に算入されなくなったことで高層マンションを建てるための条件が整い、バブル崩壊によって地価が下がっていた都心部において、

写真10

企業や行政の遊休地放出、不良債権処理に伴う土地処分などで流通した土地を活用した建設が一気に進みました。都心部に住居が大量に供給されたことにより都心部の人口が増加に転じ、〝都心回帰〟と呼ばれるようになりました（**写真10**、大阪梅田のタワーマンションの風景）。

ところで、都心部のタワーマンションの購入者には一定の割合で「投資目的」「セカンドハウス」という方がおられます。購入して賃貸する場合にはそこに住人が存在するのですが、ゆくゆくの転売を目的にとりあえず持っているとか時々使うという所有者は、普段はそこに住んでいません。日本にいないかも知れません。そうなると、まちづくりも何もないわけです。ニューヨーク中心部のコンドミニアム街などには、数百万ドルの高級コンドミニアムは存在するけれど、夜行っても多くの家の灯りがついていないところがあります。この傾向が今度どうなっていくのかは分かりませんが、注目が必要だと思っています。

写真11

5
駅前居住という選択
リセールバリューが新たな鍵に

写真11はＪＲ南草津駅前です。見ての通り、マンションが林立しています。ここにはもともとため池がありましたが、１９９４年（平成６年）に立命館大学びわこ・くさつキャンパスが設置されると同時に駅が造られ、２０１１年（平成23年）には新快速が停車するようになりました。学生や大学関係者が増えること、さら交通利便性が高まり、大阪への通勤圏内ともなったことで、一気に開発圧力がかかり生み出された風景です。

以前は滋賀に家を買うといえば、広々とした土地に大きな戸建て住宅を建てるというイメージがあったのですが、共働き家庭が増えてきたことで、働きに出やすく早く帰れる家のニーズが高まり、駅前のマンションが現実的な選択肢となってきたのでしょう。

写真12は何度か出てきた兵庫県高砂市にある山陽

写真12

写真13

電鉄高砂駅の駅前です。広いロータリーがあり、古い看板建築（建物の正面だけを耐火素材で装飾した木造の店舗兼住宅）が並んでいます。おそらくこの風景は、何十年前から大きくは変わっていないでしょう。一見して、このまちには開発圧が働いていないことが窺えます。住宅購入層に選ばれるかどうかが、これほどまでにまちの風景を左右するようになっているのです。

　この住宅購入層による選択には「リセールバリュー」という観点もあります。

　写真13は大阪府北部のベッドタウン・高槻市にあるJR高槻駅北側に建った阪急不動産ジオです。ちなみにここはGSユアサの工場跡地に建っています。このマンションについて、駅近の喫茶店の店主からこんな話を聞きました。

> 　あのマンションには日吉台など、山手の方の戸建住宅地で暮らしていけなくなって買って移ってくる人が多いです。高齢でお金を持っている人たち。物件がある間に買っておこうという心理からマンションを買ってまだ戸建てに住んでいる人もいれば、「病院の前だから抵抗がある」と様子を見ていたら売れてしまい、その後物件が出ないのでいつまでも戸建てにいないとい

けない人もいます。
今の若い人たちは、年を取ったら駅までバスに乗らないといけない郊外住宅地には住めなくなることをすでに知っています。また今家を買う人は「リセールバリュー」を重視しています。買った住宅がいい値段で売れるかどうか。昔6千万で買った戸建てはいまは3千万の価値しかないですが、駅前のマンションはむしろ値上がりしています。何年かして転勤なんかで売らないといけなくなっても、ちゃんとした値段で売れる。新聞に入っているチラシにそういうことが書いてありましたよ。

最近の大手マンションディベロッパーは、自社の分譲マンションをブランド化しています。野村不動産の「プラウド」や阪急不動産の「ジオ」、東急不動産の「ブランズ」などがそうですが、立地や施工基準、外観や室内の仕様グレードなどを一貫させることでバリューを創り出しています。こうした駅前、駅近のブランドマンションを選ぶか、それともやはり戸建て住宅を求めるか、住宅購入層のニーズは多様化してきているようです。

コラム 高槻・日吉台の喫茶店で聞いた話

大阪府北東のベッドタウン・高槻市日吉台の住宅地で出会った喫茶店で、ご主人からこんな話を聞きました。

昔は目の前に公務員宿舎が10棟建っていて、そこの住人が常連客としてやって来ていました。大学教授が無重力状態で実験をするために名古屋や北海道の空港に出掛けていたり、入国管理局の人が北朝鮮の拉致問題で忙しそうだったり、気象庁の若い人が三宅島噴火の時に決死の覚悟で現地入りしたり、郵政省の偉いさんの奥さんがお店でサボっている局員をチェックしていたりと、いろんな人がいて面白かったですよ。

ですが、10年ほど前に全国の国家公務員宿舎がムダだと叩かれ、その後にここも廃止されました。その後何年間かはゴーストタウン状態でしたが、4年ほど前から戸建住宅地として開発され、140戸が建ち、若い家族が一気に増えました。

お店の前には新築の戸建て住宅が建ち並び、子どもたちが遊び回っていて、その後ろでママさん同士が喋っていました。駅までバスで10分ほど。売り切るのに何年かかかったそうですが、駅前だけでなく、こういう住宅地にもまだまだニーズがあるようです。

第 6 章

【駅前】から読みとく

写真 1

1 ターミナル駅の風格
かつては街外れに作られた駅

写真1はＪＲ神戸駅の駅舎です。第３章でみた通り、この駅ができたのは１８７４年（明治７年）です。日本で最初に開通した鉄道は東京の新橋－横浜間をつなぎましたが、次に開通したのが大阪－神戸間で、ここは終着駅でした。駅舎は何度か建て替わっていますが、往時のターミナル駅が持っていた風格を今も保っている貴重な存在です。

写真2は南海電鉄の難波《なんば》駅です。阪堺鉄道の駅として１８８５年（明治18年）に開業しています。駅の正面には高島屋大阪店があり、駅上にスイスホテル南海大阪がそびえています。近代建築の再生で近年増えてきている〝腰巻ビル〟の形をしています。

鉄道は都市間をつなぎ、人や貨物を輸送することを目的に敷設されましたが、その駅は既存の市街地の外れに置かれました。すでに建物が建ち並んでいる場所に用地を取得して駅を設けることが困難だ

写真 2

ったためですが、鉄道駅ができるとそこを人や物資が行き来することから、徐々に街道筋の宿場町や港町をしのぐ賑わいをみせるようになっていきました。

大阪には、私鉄各社によるこうした風格を備えた大ターミナル駅がいくつも残されています。その背景には、鉄道発展期に大阪市が貫いた「市営モンロー主義」という施策がありました。これは、大阪市内中心部の鉄道は大阪市が整備し、民間鉄道会社の乗り入れを許さないというもので、そのために私鉄各社は折り返し線を多くもつ大ターミナルを造るとともに、百貨店などを同居させて集客を図りました。ターミナル駅こそが私鉄の顔、とも言わんばかりの存在感を今も発揮しています。

一方、東京ではネットワーク化が進められ、私鉄と地下鉄の相互乗り入れがかなり進んでいます。降りることがなくなったことで、ターミナルの持つ重要性は薄れてきています。交通利便性という点からするとネットワーク化の方に分があり、近鉄と阪神の相互乗り入れのように関西でも徐々に進んできて

写真3

いますが、駅の風格というものはなかなか捨てがたいものがあります。
ここで比較の意味でボストン南駅をお見せしましょう（写真3）。この駅は1899年に鉄道事業者5社の共同駅として開業しました。当時はボストンで最大の建築物であり、世界最大の鉄道駅でした。ですが戦後に鉄道事業の不振によりほぼ使われなくなり、1970年に駅舎は一部を残して取り壊されています。その後市民グループの尽力によって残された駅舎は国家歴史登録財に登録され、マサチューセッツ湾交通局に購入され、約2億ドルの費用をかけて修復工事に着手、1989年に現在の駅舎が完成しています。100年以上前からそこにあったような風格を誇っているのは、この風景を愛した市民の思いがあってこそのものだったのです。

写真4

2 放射状街路がある駅前

近代的な住宅地を志向した地域

写真4は大阪市東淀川区にある阪急京都線・相川駅の駅前です、少し分かりにくいですが、地図1を見ていただくと、まっすぐな道が駅から住宅地に向けて放射状に通されているのが分かります。

この駅は1928年(昭和3年)に新京阪鉄道の吹田町駅として開業しています。まっすぐな道には計画があると最初に書きましたが、この地図を見ると近代的な住宅地を駅前から作ろうという気概を感じます。

放射状道路は大阪府吹田市の阪急千里山駅の西側にもあります(地図2)。この道路は、1922年(大正11年)に分譲が開始された千里山住宅地の開発にともなって整備されています。駅から少し西の、真ん中に噴水のあるロータリーから放射状に道路が広がるまちの造りは、エベネザー・ハワードの理念に基づいてロンドン郊外に建設された最初の田園都

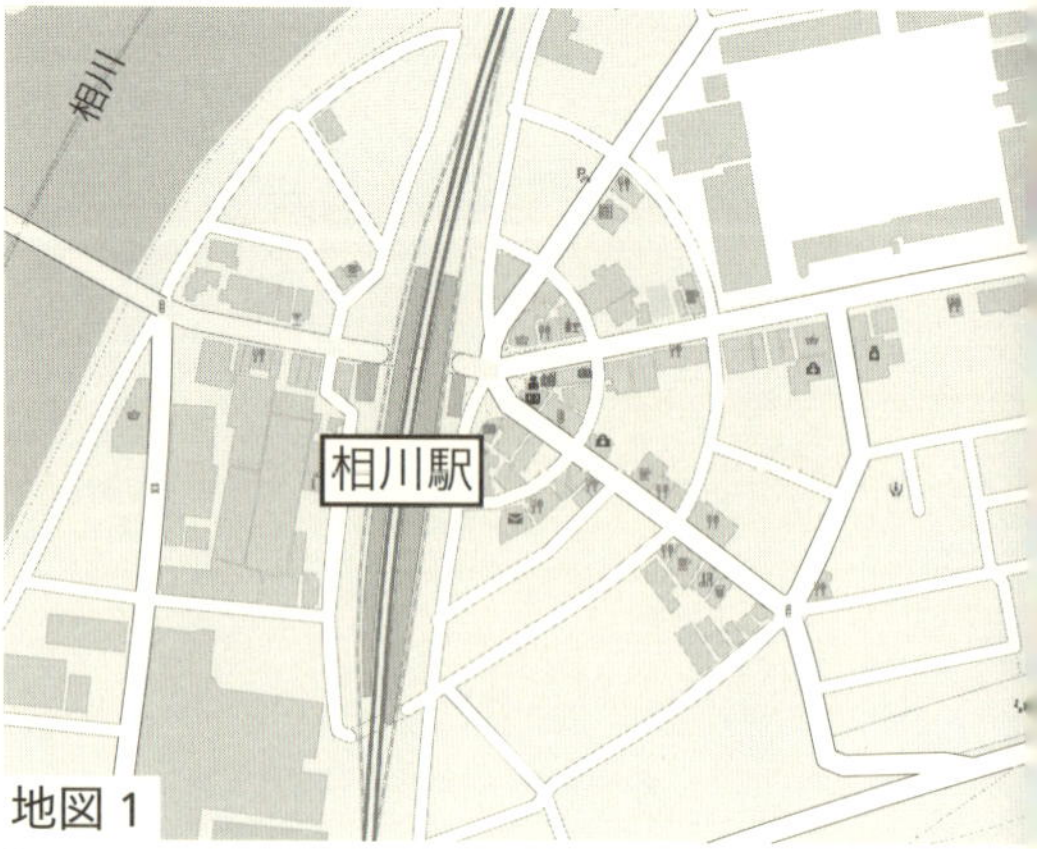

地図1
© OpenStreetMap contributors

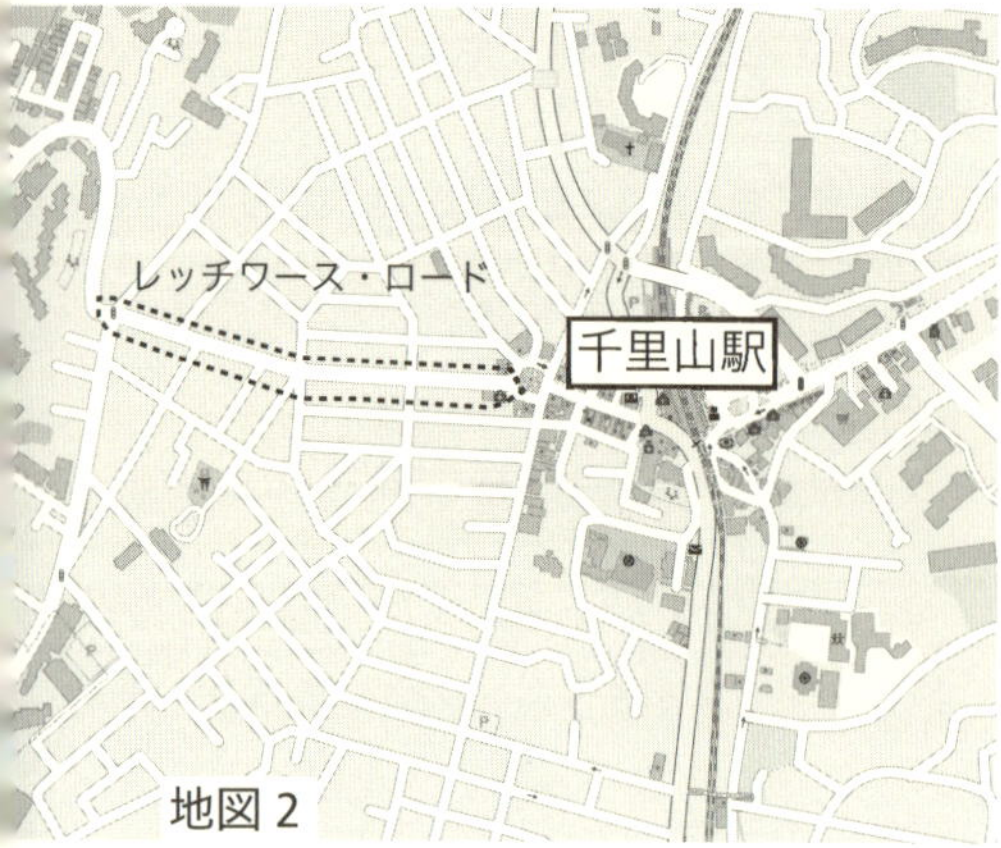

地図2
© OpenStreetMap contributors

市レッチワースがモデルになっています。ロータリーから西に通された道は「レッチワース・ロード」と名付けられています。

日本でよく知られている放射状街路は、東京の田園調布にあります。この町は実業家の渋沢栄一氏らによって立ち上げられた田園都市株式会社により、１９１０年代にサンフランシスコの郊外に開発された住宅地セント・フランシス・ウッドを模して設計され、１９２３年（大正12年）から分譲されています。つまり、こうした放射状街路は、欧米の田園都市構想に影響を受け、大正の終わりから昭和の初めに作られた郊外都市に見られるものなのです。

ただ、関西に造られた放射状道路のまちは、街路樹が並び、歩道がゆったりと取られ、庭を広く取った大きな家が建ち並んでいる、本場のイギリスやアメリカの田園都市をモデルとした都市とはだいぶスケール感が違っています。そしてまったく言葉を選ばずに言うと、「ただ道が放射状に通っているだけ」なのです。これらのまちの多くが、戦後の人口増加期に下町化したことにも要因があると思われますが、当初の理念からは残念な感じがします。

放射状の街路は兵庫県尼崎市のＪＲ立花駅の東側にもあり（**地図3**）、駅北側の商店街では、これをフランスっぽいと考えた人たちがフランスのアベニューを表示する看板に似せたサインを作っ

写真 5

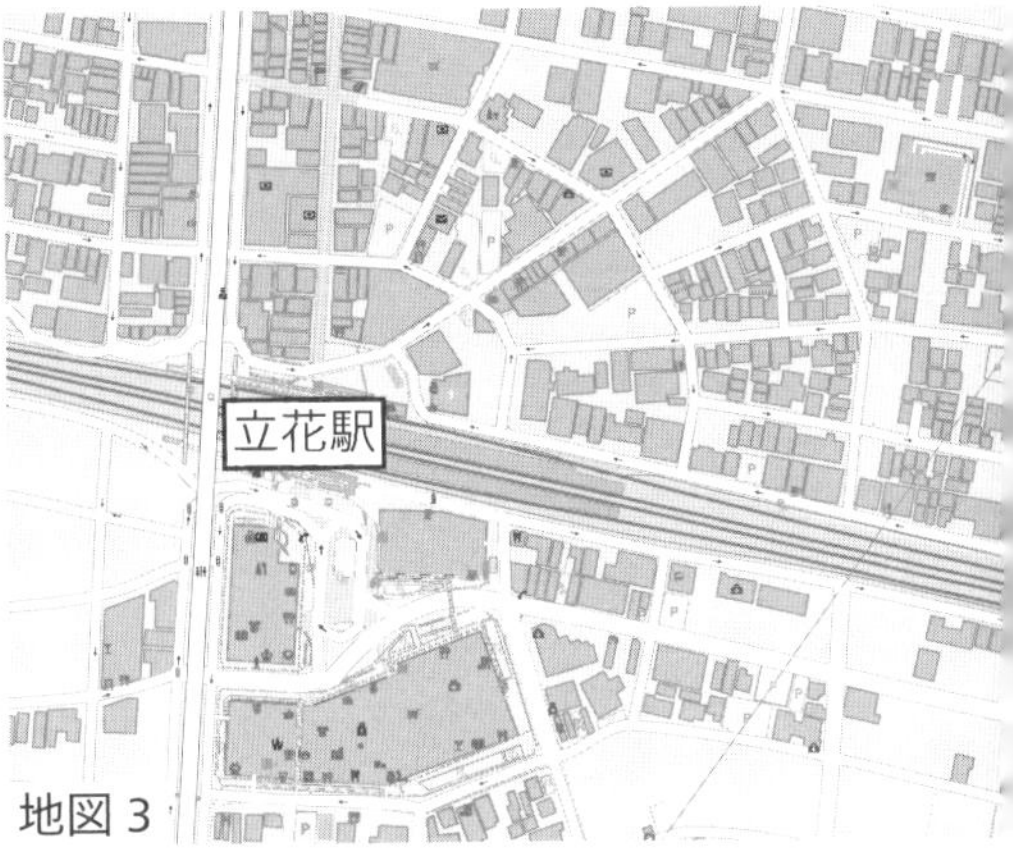

地図 3
© OpenStreetMap contributors

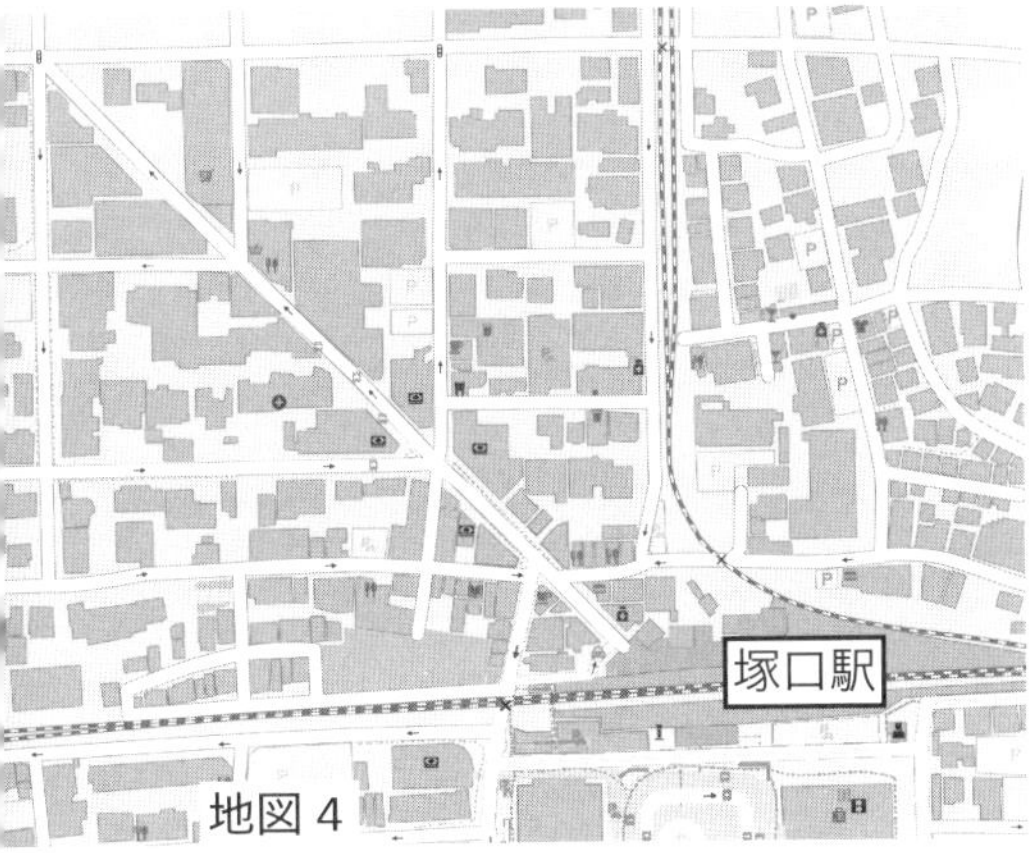

地図 4
© OpenStreetMap contributors

てまちを盛り上げようとしています。そのベタさも嫌いではないのですが…。

放射状ではないけれど、駅から住宅地に向けて斜めの道を通すという手法も同時期に開発された駅前に見られます。92頁でみた藤井寺もそうです。

写真5・地図4は阪急塚口駅の北側にある斜め道です。格子状のグリッドとの間に45度のコーナーを作っていて、ここを路線バスが曲がっていく光景はなかなか圧巻です。そんな風にバスが通ることになるとは、設計者も想定していなかったと思いますが…。

写真6

3 駅前広場のない駅前

開発を志向しなかった地域

写真6は京都府長岡京市にある阪急長岡天神駅の西側です。

この駅は急行停車駅ですが駅前広場がなく、バスもタクシーも入ることができません（地図5）。なぜそうなったのでしょう。

この駅の開業は1928年（昭和3年）です。113頁で紹介した阪急相川駅と同じ年なので、放射状街路ができても良かったわけですが、そうならなかった理由は、昔の地図を眺めてみると分かります。

地図6は1931年（昭和6年）に発行されたものです。長岡天神駅は開田《かいでん》という集落の一角に作られていますが、周りは田んぼで、住宅地が開発されている気配はありません。ではなぜ駅を作ったのでしょう？　おそらく一つには長岡天満宮への参詣客を、もう一つには南側にある長岡競馬場への来場客を対象にしたのでしょう。

駅が集落の一角に作られ、それ以上の開発要素がなかったため、大きく場所を取って駅前広場を作ることもなかった。それがそのまま今に至っているように見受けられます。

写真7の通りは駅から北に進んだ先にある東西の道路沿いにあるビルです。駅前にテナントビルがあれば出店したであろう店舗が集積しています。また駅東側には、個人の敷地を使った私設の駐輪場も見られます。僕らはこういう風景からも、駅前の何たるかを学ぶことができるのです。

地図 5

© OpenStreetMap contributors

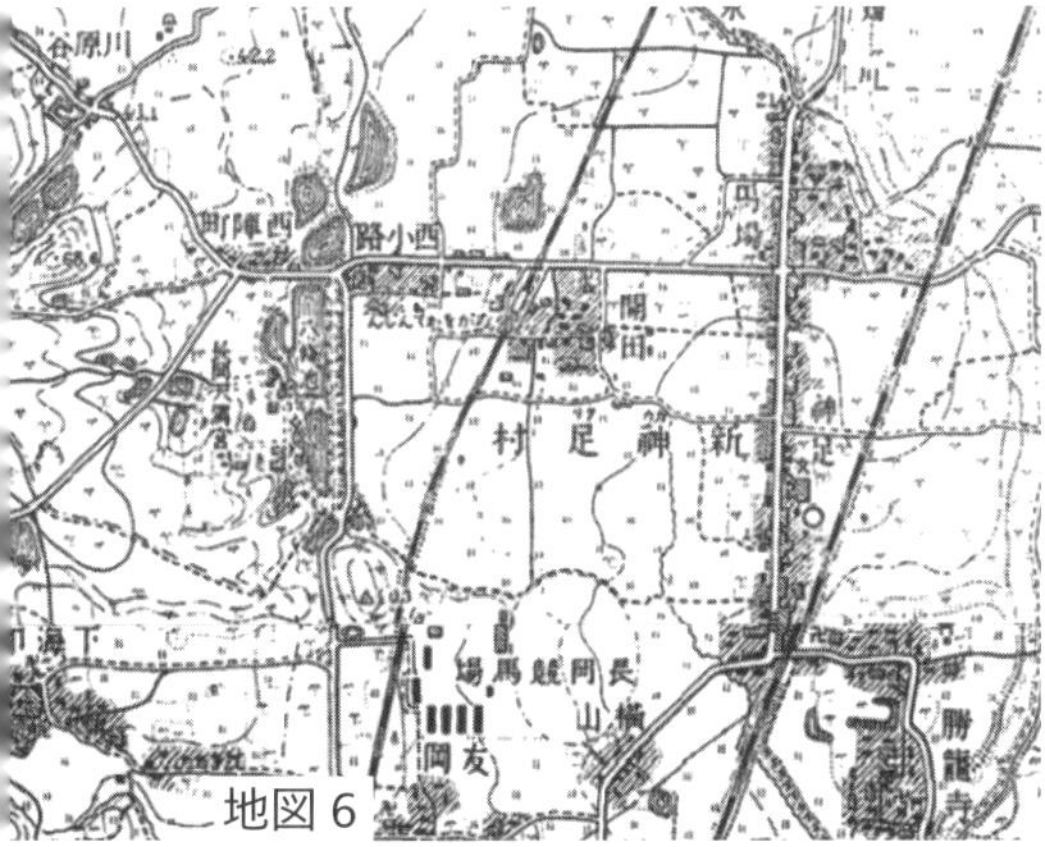

地図 6

出典：国土地理院地図 1/25000 京都西南部（昭和 6 年部修・昭和 7.12.28 発行）

写真 7

写真 8

4 行き止まり駅の風景

なぜそこに線路を引いたのか

写真8は神戸市兵庫区にあるＪＲ和田岬駅です。ＪＲ兵庫駅から出ており、兵庫駅と和田岬駅だけをつないだ支線になっています。同駅は１８９０年（明治23年）に山陽鉄道の貨物駅として開業し、１９０６年（明治39年）に国有化され、その後旅客営業を始め、１９８０年（昭和55年）に貨物取扱いを廃止し、旅客駅として残りました。駅そばにある三菱重工業と三菱電機の社員の通勤が主な用途となっており、朝と夕方のみ運行しています（**地図7**）。

このように、主要路線から分岐してその先が終点になっている支線は全国に２８０ほどあるそうで、鉄道ファンの間では「盲腸線」と呼ばれています。

写真9は兵庫県西宮市にある阪急甲陽園駅。阪急神戸線夙川《しゅくがわ》駅から六甲山脈の麓にある同駅を結んでいます。開業は１９２４年（大正13年）。この駅のそばには戦前には温泉地と映画の撮影所があり、そ

写真 9

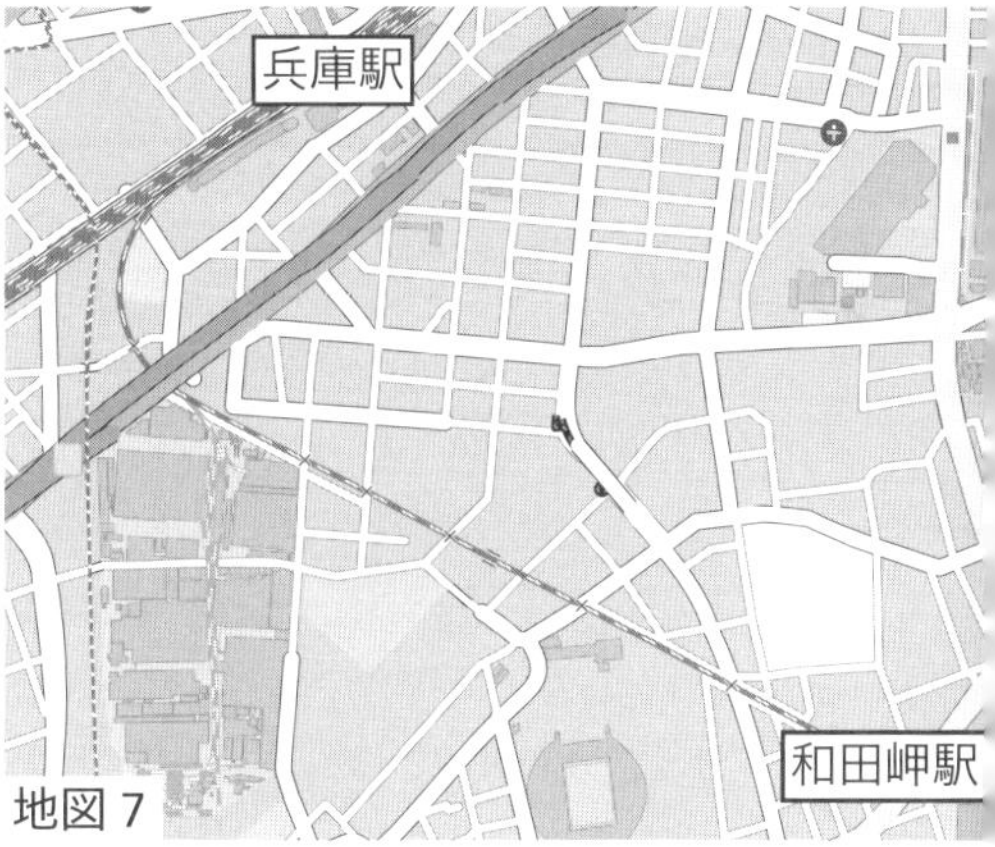

地図 7

© OpenStreetMap contributors

のために鉄道が敷かれています。今は跡形もなくなっているので、歩いただけでそのことに気づくのは難しいかもしれませんが…。

余談ですが、この甲陽園に本店を構える洋菓子店「ツマガリ」は、界隈の店舗が空くとそこを借りて工房を増やしていったそうで、パティシエの恰好をした人たちがケーキやクッキーを持って工房からお店へと移動することから「ツマガリ通り」と呼ばれているそうです。そしてケーキは本店でしか売らないことから、わざわざこの駅まで足を運ぶ人も多いそうです。

盲腸線にはこのような、かつての貨物駅、参詣地、行楽地の他に、空港や港へのアクセス、他の交通機関との接続駅、埋立地、海のそば、ニュータウンなど、そこまで鉄道をのばした必然が何かしらあります。なぜわざわざそこまで線路を引いたのかというあたりに注目すると、さまざまなドラマに出会えるはずです。

写真10

5 駅前広場が果たしている機能

駅まで・駅からの交通手段の多様化

写真10は神戸市兵庫区にあるJR兵庫駅北側の駅前広場です。一見ただの駅前に見えますね。僕はここを「自家用車が幅を利かせる駅前」と呼んでいます。

次の写真11は大阪府高槻市にあるJR高槻駅南側のロータリーです。バス、タクシー、一般車と路面に書いてあります。そのことで設計者の意図が一目瞭然です。駅前広場では公共交通機関を優先させ、一般車がロータリーの奥には入ってこないようにしているのです。

「キス・アンド・ライド（K&R）」という言葉があります。家族に最寄り駅まで送ってもらい、そこから公共交通機関に乗り換えて通勤や通学などを行うことをいいます。送ってもらってキスをしてから車を降りるのでそう言うそうですが、兵庫駅では駅前ロータリーにバスが入って来ず、真ん中の島に駐輪場があり、ロータリーに自家用車が自由に侵入してい

写真11

写真12

ます。まさにキス・アンド・ライドな駅前といえます。

写真12には大阪府茨木市にあるＪＲ茨木駅西側です。改札から歩道橋を通って島状になったバス乗り場に人を下ろすようにデザインされています。コインをスリットから転がしてお菓子を落とすゲームみたいですね。この駅が完成したのは１９７０年（昭和45年）。大阪万博が開催された年で、この駅前は千里ニュータウンの住民だけでなく、大量にやって来る大阪万博の来場者をいかにスムーズに送り出すかを考えてデザインされたのでしょう。

かつての鉄道には貨物輸送と旅客輸送の２つのミッションがあり、それを分けるようになったわけですが、郊外化とモータリゼーションが進んだ60年代後半以降には、徒歩、自転車、単車、タクシー、バスと、旅客が住宅地と駅の間を移動する手段が多様化しました。そして駅前広場は、複数の交通手段を整理するという新たな役割を求められるようになりました。基本的には公共交通機関を優先させるはずですが、空間が狭すぎるといった理由からそれが実現できない場所もよく見かけます。

多くの人が毎日利用する場所でありながら、そのデザインの良し悪しについて意識することが少ないのが駅前です。「まちの見巧者」として、ぜひ新たな視点を持って眺めてみてください。

写真13

6 ペデストリアンデッキの風景

日本独特の歩車分離の解決策だった

写真13はJR高槻駅南側のロータリーを、さきほどとは違う角度から撮ったものです。2階にある駅改札からロータリーの上を通って、1階に降りることなく商業施設まで歩いて行くことができます。こういう歩道を「ペデストリアンデッキ」といいます。全国に230ヶ所ほどあるそうです。

日本ではモータリゼーションが起こった1960年代に、「交通戦争」という言葉が頻繁に使われました。当時は交通事故の死者が年間1万5千人を超えており、歩行者の安全をいかに確保するかが、駅前空間のデザインにおいても追求されました。全国の学校の近くにある歩道橋の多くは、この時期に架けられています。そして駅前空間においても、歩行者は2階か地下、1階部分は車のための空間と分けることで安全性と効率性の向上を図ったのです、この考え方を〝歩車分離〟といいます。スペースに余裕

写真14

のない駅前空間を有効に使うためのデザインでもあり、商業施設にスムーズに誘客を図るデザインにもなっています。

実は、鉄道駅前のペデストリアンデッキは海外にはほとんど見られません。これはすぐれて日本的な光景なのです。それはきっと、日本人独特の合理的思考が生み出したものなのでしょう。さきほど見てきたように、駅とはもともと風格が伴うものなのです。また近年、国内でも地上レベルを歩行者空間として取り戻そうという風潮が強まってきています。

写真14は大阪府大東市にあるＪＲ学研都市線住道《すみのどう》駅北側です。寝屋《ねや》川をまたいでペデストリアンデッキが広がっています。ここではよくイベントも開催されていて、市民広場としての役割を果たしています。ペデストリアンデッキは法律上は「道路」という位置付けになるので、イベントなどでの使用にあたっては自治体だけでなく国や警察との協議が必要で、原則的には不可というところも多数あります。せっかく人が集まりやすい、かつ車が来ない場所なので、ここをうまく活用できるようにすると、地域の活性化につながるはずです。

写真15

7 駅と自転車

庶民の足を支えるビジネス

僕はWalkin' Aboutの時にレンタサイクルを借りることがよくあります。「ウォーキンちゃうやん！」と突っ込まれそうですが、せっかくだから色々見に行きたいという気持ちの方が勝るのです。そしてルール上は、90分間をどう過ごしていてもいいので。

観光地化しているまちにはレンタサイクルが駅の近くにあり、電動自転車もあって、マップももらえてと充実しているのですが、そうではないまちでは駅前駐輪場が貸出用に何台か置いてある、という感じになります。借りる人は多くはないかも知れませんが、我々まちの見巧者にとってはありがたい存在です。

大阪府高槻市にある阪急高槻市駅のそばに、１日１００円で借りられるレンタサイクルがあります（**写真15**）。在庫が１００台以上あり、月１５００円というプランもあるので、通学や通勤で使っている

写真16

写真17

人も多いようです。阪急京都線と淀川の間は高低差がなく、かつ結構距離があるので自転車はたしかに便利です。民営ですが、公共交通機関のような役割を果たしています。

南海和歌山市駅ではシェアバイクを利用しました。和歌山市が中国の事業者と組んで始めたサービスで、スマホアプリを使って市内各地にある無人の専用駐輪場で自転車を借りることができ、どの駐輪場でも返せるという画期的なものでしたが、残念ながらその後事業者が撤退し、このサービスは宙に浮いてしまったようです…。

話は駐輪場に移ります。駅前空間に余裕がなく、公営の駐輪場が駅から離れている駅では、民間物件を活用した駐輪場を見かけることがあります。

写真16の駐輪場は京都府長岡京市・阪急長岡天神駅のそばにあります。これも「必然的にそこにある店」の一種ですが、もしかしたら不法駐輪に耐えかねて「ならいっそ、駐輪場でも始めようか」となったのかも知れません。

次の**写真17**は、藤井寺市の商店街にあったふとん店が自転車置き場に変わっていたものです。こちらのパターンはまちの衰退のバロメーターのように見えてしまうのが残念ですが…。

写真18

8 変わる駅前空間

人が集まれる場所をどう作るか

写真18は兵庫県明石市にあるＪＲ明石駅の南側にある駅前広場です。市街地再開発事業で整備され、２０１７年（平成29年）に今の姿に変わっています。1階改札から続く道を広く取り、広場のようにしています。このように人が歩きやすい空間にするのが最近のトレンドです。

奥の再開発ビルは、左がタワーマンション、右が図書館や市役所窓口、こども健康センター、市民広場などを備えた業務棟になっています。2駅先の大久保駅前にはイオンが存在することから、商業施設ではなく公共施設を充実させ、棲み分けを図ったのではないかと思われます。

業務棟の2階には**写真19**のような市民広場が設けられています。とても明るく開放的な空間ですが、屋内なので天候の影響を受けずにさまざまな催しを開催することができます。

写真19

写真20

写真20は2015年（平成27年）に整備された、兵庫県姫路市にあるJR姫路駅北側の広場空間です。駅地下の商店街と右側に見える地上広場とを立体的なオープンスペースで結んでいます。サンクンガーデンといって、地下にオープンな空間を設けて人々が集う憩いの場にするという設計手法です。

このように最近では、駅前空間を再構成するにあたって、人が集まれる開放的な空間をどうビルトインするかが重視されるようになってきています。従来の駅前広場の造り方だとペデストリアンデッキと同様に、法律上「道路」という位置付けになってしまうので、こうした新たな駅前空間では、当初からそこでイベントを開催したり市民に貸し出したりすることを前提にした制度設計がなされているようです。

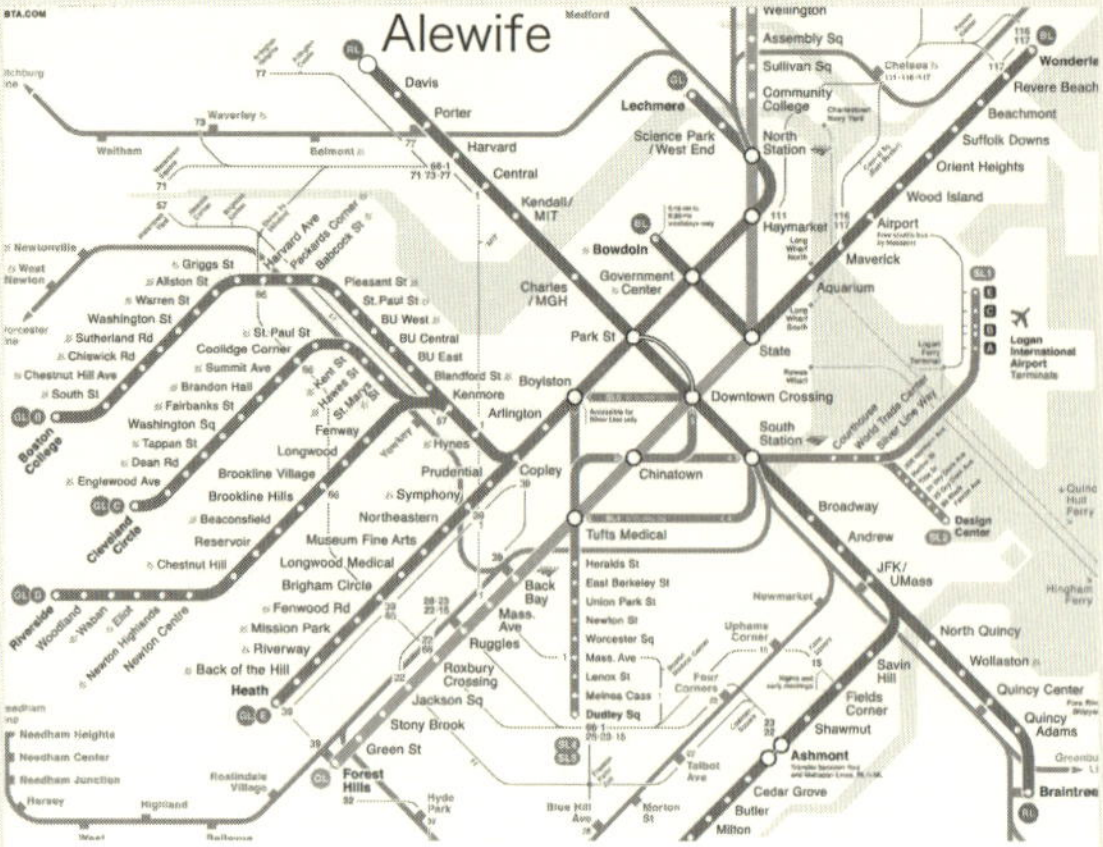

出典：MBTA（マサチューセッツ港湾交通局）路線図

コラム ボストン郊外の駅前風景

ボストンの地下鉄の「Red Line」の終点にはAlewife（エールワイフ）という駅があります。戦後開発された郊外住宅地とボストン都心をつなぐ拠点駅として、1985年に開業しています。大阪でいうと千里中央駅のような存在です。

この駅には、地下鉄駅の上にバスターミナル、駐車場、自家用車用の乗降場、自転車置き場、シェアサイクルなどが備えられています。タクシー乗り場というものはなく、タクシーもuberも携帯電話やアプリで呼ぶシステムになっています。駐車場のキャパシティは2700台と巨大なのですが、自家用車の都心への流入を抑制するためにこういう構造にしているようです。ボストン駅とはだいぶ雰囲気が違いますが、近年のアメリカにおけるパーク・アンド・ライドな駅の典型例となっています（**写真左上・左中**）。

ボストンでぜひ紹介しておきたいのは、シェアバイクのシステムです。

ボストンとその近郊3市では「ブルーバイク」という、所定の無人ステーションで自転車を借りることができるサービスを民間企業と組んで展開しています。現在ポートは260ヶ所以上（20

１９年４月現在）設置され、２５００台の自転車が稼働しています。利用料は１回２・５ドル（２８０円）で30分以内ですが、年間契約だと99ドル（1万1千円）で、一日45分間使うことができます、つまりシェアバイクは、交通渋滞の緩和やまちなかのアクセシビリティの向上に資する新たな公共交通政策として位置づけられているのです（写真左下）。

一方、アメリカでは最近「ドックレス」といって、乗り捨てが可能なシェアバイクのサービスが広がってきています。使いたい時はアプリで近くにある自転車を探してピックアップし、乗り終わったらロックして終了、料金は自動的に課金されるというもので、電動自転車も導入しています。

ボストン近郊では、「アント」というスタートアップ企業がサービスを展開しており、乗り捨てられた自転車

を事業者が回収し切れていないことから自治体は規制する方向で動いていますが、ドックレス型のシェアサイクルはアメリカ国内で急速に広がっています（写真上）。

シェアサイクルは今後日本でも広まっていくと思いますが、どういう形で定着するのか、今後も注目していきたいところです。

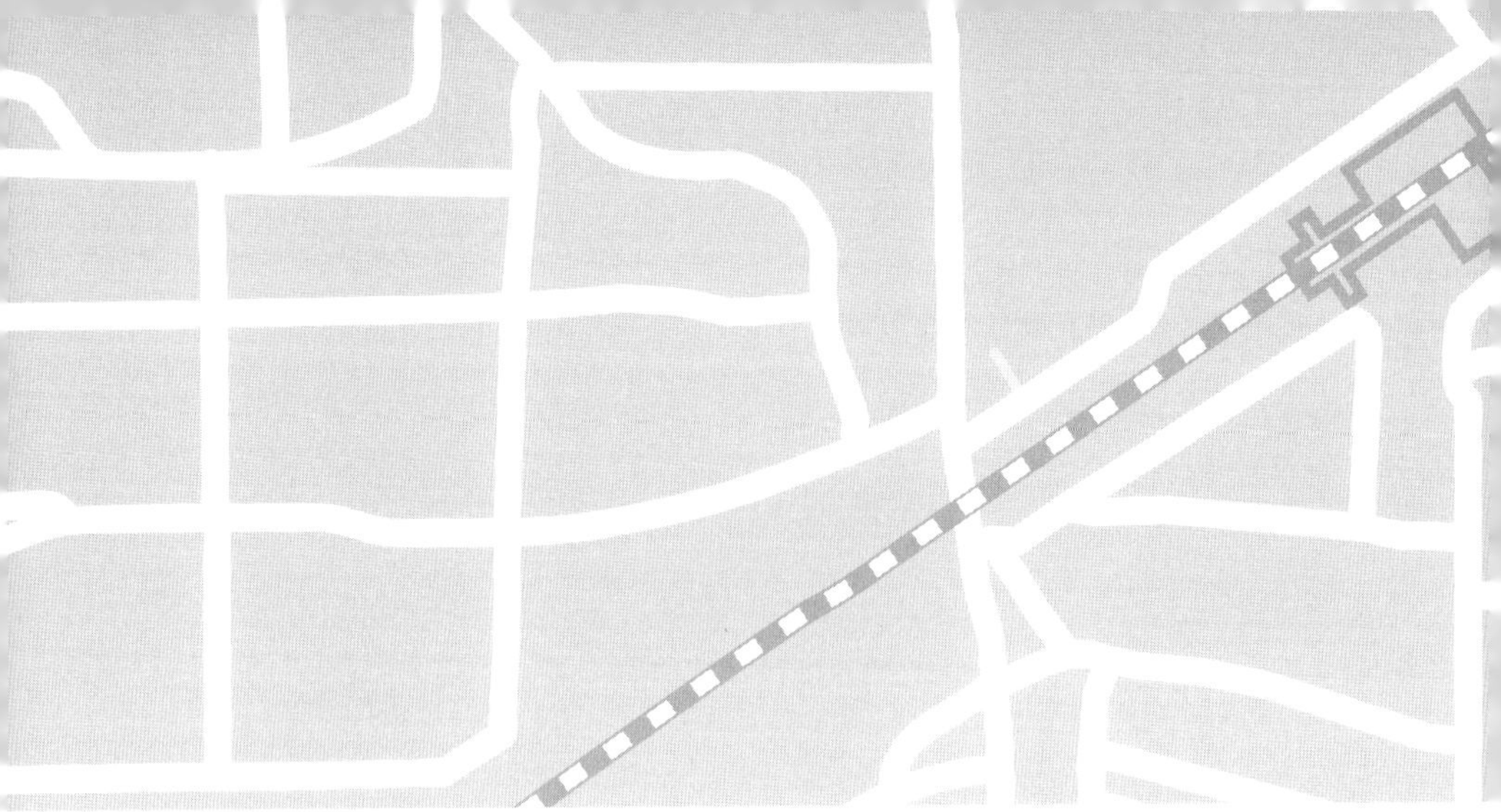

第7章

【都市計画】から読みとく

写真 1

1 かつて計画された区画

時代を超えて伝えられる意図

大阪府茨木市上泉《かみいずみ》町には、写真1のように不自然に曲がった道があります。「鍵の手」と呼ばれるもので、防衛の手段として、敵が一気に攻め込み難くするために、また敵を追い詰め易くするために、宿や城下町の入り口や通りを直角に曲げたものです。この場所のすぐ南にはかつて茨木城がありましたが、１６１５年(元和元年)に一国一城令が発せられたタイミングで廃城になっています。

戦国時代には全国各地に城が築かれましたが、その場所としては攻めやすく守りやすい要害の地が選ばれ、防衛のための構造を持った建物や都市空間が形成されました。

茨木城は平地にありましたが、西には茨木川が流れ、南には茨木神社、東側には城を囲むようにいくつかの寺があります。そしていくらか手薄な北側を防御する意味から、この鍵の手を設けたのではと推

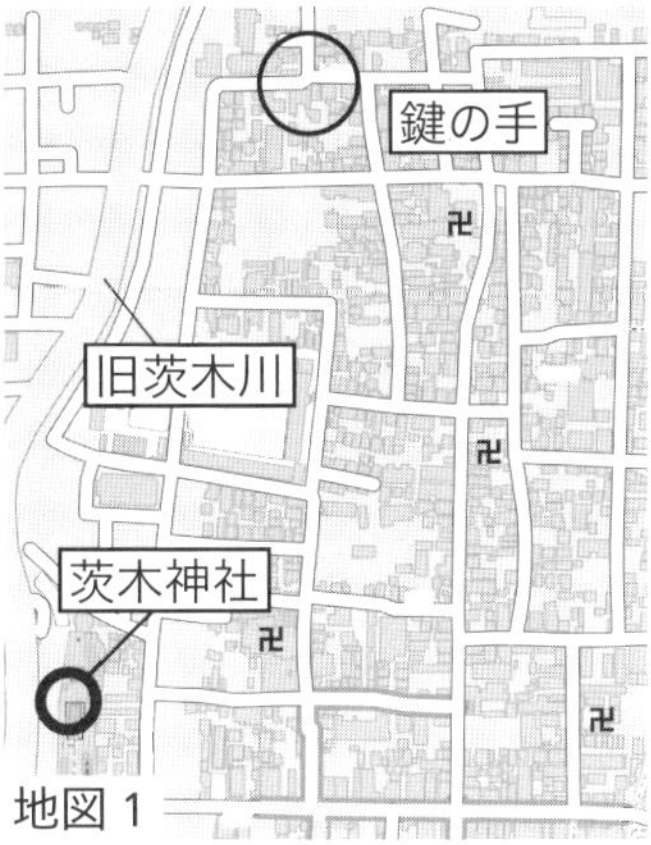

地図 1
© OpenStreetMap contributors

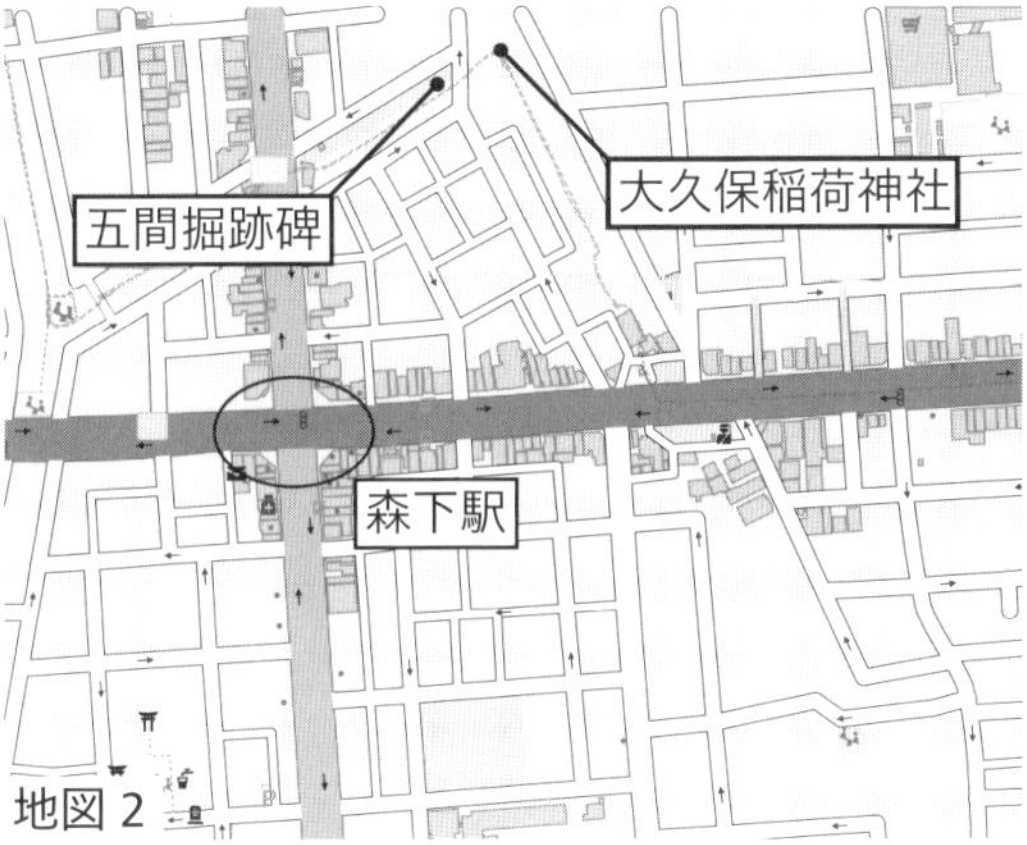

地図 2
© OpenStreetMap contributors

察されます（地図1）。

東京都江戸川区にある都営新宿線・大江戸線森下駅を地図2で見ると、周辺の区画がその外側とは違う、不思議な五角形をしていることが分かります。たまたまこの駅で降りてこの地図を見た時に、これは行かない訳にはいかない場所だと思い足を運んできました。

北東角にある大久保稲荷神社まで行ってみると、そこにあった史跡案内の看板から、この不思議な五角形が「五間堀」という堀割の跡だということが分かりました。

五間堀は１６５７年（明暦３年）に起こった明暦の大火以降になされた付近一帯の再開発で開削されたものと考えられています。看板には１８５８年（安政５年）に描かれた「本所深川絵図」が載っています（写真2）。なぜこんな形なのかは分からないのですが、堀の内側と外側で一軒一軒の家の区画の大きさが違うということは分かります。そしてその外側が木造密集市街地です。つまりこれは、内側に住む豊かな人たちが家財を守るために掘られた堀割なのでしょう。堀はいちばん右側の「神保三千次郎」氏の邸宅を曲がるように通っていますが、おそらく彼は敷地内に流路を長く取ることで、運河を利用した物流事業などを営んでいたのでしょう。

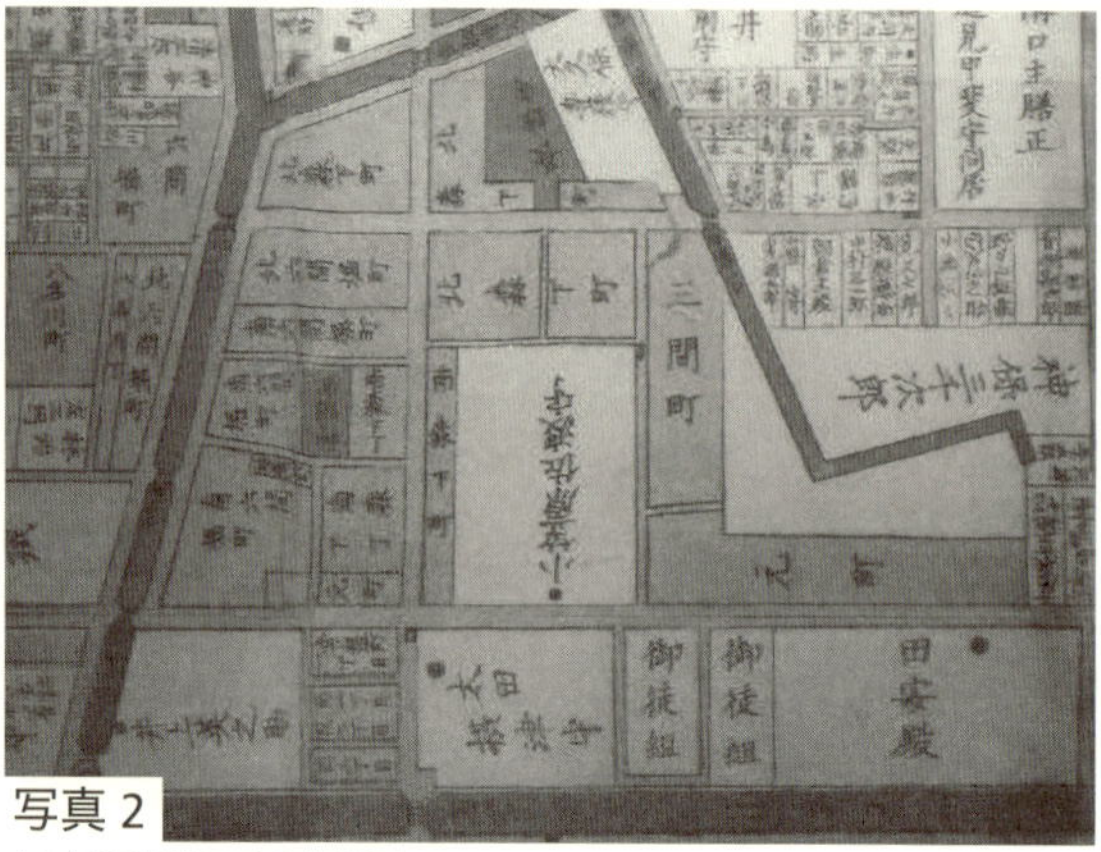

写真2

大久保稲荷神社の史跡案内板から

ここに書いていることは、僕があらかじめ知っていた知識ではありません。地図を見ていて「?」と思った場所に行ってみたり、たまたま歩いていて「?」と思った場所について後で調べてみたりして分かったり想像したりしたことです。Walkin' About にはこのように、教わるのではなく自ら問いを発して探求する〝アクティブラーニング〟の要素があり、子どもたちが面白い発見をしてくることもよくあります。ぜひワークショップなどで活用してみてください。

地図3

© OpenStreetMap contributors

2 城跡はどうなったのか

廃藩置県は公共空間を大きく変えている

地図3は和歌山城周辺の地図です。堀に囲まれた天守閣とその周辺部分が公園として保存され、その外側に県庁・市役所・警察本部・文化会館・美術館・博物館・裁判所・郵便局・商工会議所などが見えます。今回注意してみたいのは、周辺部分の方です。

明治維新以降に、新政府は国の近代化を図るための新たな統治機構とそのための施設をどこにどう配置するか、という課題を全国的に抱えていました。1871年(明治4年)の廃藩置県によって地方統治は府と県に一元化され、1873年(明治6年)の廃城令によって、近世城郭の多くが廃城となりましたが、この時に城郭の郭内や武家地などは収公され、後に官公庁用地として開発されました。江戸時代の城下町が県庁所在地に変わったまちを見ると、かつての城郭とその周辺に県庁、市役所、学校、裁判所、病院、警察などの施設が集積しています。和歌山城

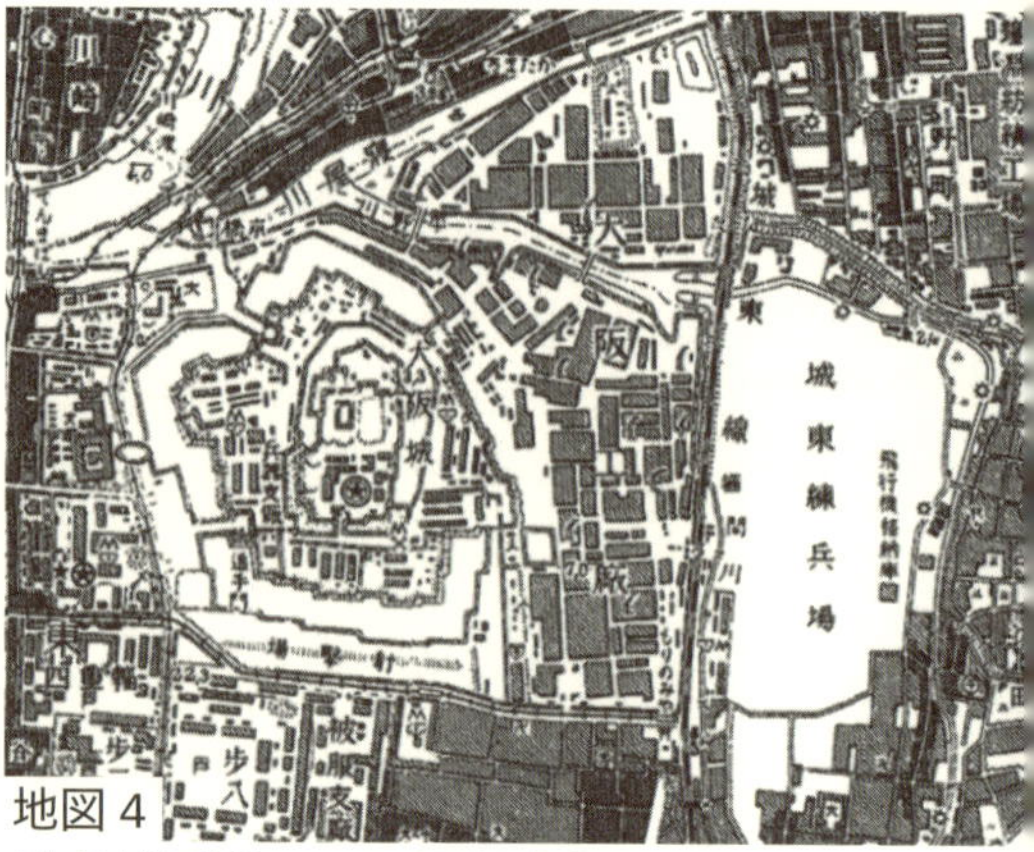

地図４

出典：国土地理院地図 1/25000 大阪東北部（昭和４年部修・昭和7.10.30 発行より）

もこのタイミングで廃城となり、本丸・二の丸部分が和歌山公園となり、かつては藩の重臣や上級藩士の邸宅があった三の丸には官庁や数々の公共施設が建ち並ぶことになったのです。

和歌山市の都心部は１９４５年(昭和20年)７月の大空襲で７割弱を焼失しました。お城の建物もこの時にほとんど失われてしまったのですが、廃城となった時に城郭が保存されたことで、石垣をはじめとする内堀のほとんどの空間がそのまま残されました。現在の天守群は１９５８年（昭和33年)に再建されたものです。

一方で、１８７３年に存城となった城跡はその後、司令部の建物や練兵場など、近代軍隊のための施設として使用されたり、払い下げられて公園や学校になったりしています。１９２９年（昭和４年)測量の大阪城周辺の**地図４**を見ると、堀の内側は兵器支廠、その東側には工廠、練兵場、南側には被服支廠が見えます。つまり軍事施設と軍需工場をここに集中させていたのでした。

大阪城は１６６５年（寛文５年)には落雷によって天守を焼失し、以後は天守は存在しなかったのですが、１９３１年(昭和６年)に当時の關一大阪市長が提案した大阪城公園整備事業の一環で天守が復興されました。ですが周囲は軍事施設だったため、第二次世界大戦では空襲の標的となり、終戦の前日に行われた大規模な空襲により灰燼と化しています。爆弾は京橋駅にも落とされ、多くの方々が亡くなりました。そんな中、天守閣は奇跡的に戦災を免れ、その姿を今に残しています。このように、むしろ明治以降に幾多の遍歴を経てきた城跡は、現在では都心部に残された緑地や公園として、市民に親しまれています。

写真3

3 住宅地化した農地

戦前の連棟長屋はどう生まれたか

写真3は大阪市北区中崎町に残されている長屋です。大阪駅から徒歩10分ほどの都心にありますが、戦災を免れた街並みがいまも残されていて、20年近く前から長屋を改装したレトロな雰囲気のカフェや雑貨店・洋服店などが増えてきています。

中崎町は江戸時代から明治にかけては田畑の広がるのどかな地域でしたが、大正時代に住宅地化が進みました。この写真を見ると、家並みはまっすぐに建ち並んでいますが、裏路地に入ると道は狭く、迷路に迷い込んだようになります。実はこの町はスプロールといって、戦前に都市基盤が整備される前に開発されています。

次の写真4は大阪市阿倍野区阪南町の長屋です。天王寺駅から南の方にあります。大正末期に建てられたもので、それ以前はほとんどが畑地でした。

阪南町の長屋は、耕地整理や土地区画整理という

写真４

手法によって整備されています。

耕地整理とは、農地を交換、分合したり、農作業を能率的に行えるよう区画を整理したり、用排水路や通路を整備したりするものです。つまり農地の生産性を上げるためのものですが、都市に隣接する農地の耕地整理事業は当初から宅地に転換することを想定して実施されています。そして土地区画整理とは民間の所有地を交換したり、民有地の一部を拠出してもらって道路や公園などの公共用地を確保したりして街区を整備する方法です。大阪市ではこうした面的な基盤整備が昭和の初めに行われ、大量の長屋群が建設されました。１９４１年（昭和16年）の大阪市内の借家数は約54万戸で、その９割が長屋だったそうです。

第二次世界大戦の戦災によって大阪市の中心部は焼け野原になってしまいましたが、環状線の外側の北、東、南側の戦災を免れたエリアにはかつての長屋風景が残されています。今はレトロテイストで好まれている長屋は、戦前の人口急増期に造られた庶民のための住宅だったわけですね。

写真5

4 戦争が拡げた道

建物疎開と空襲の後にできた道

大阪府吹田市でのWalkin' Aboutで、ある喫茶店に入りました。お店の前の道は2車線でかなり広く取られていました（写真5）。店主からはこんな話を聞きました。

もとはもっと広かったが、歩道を取って狭くしている。この道の先はT字路なのでこんな広さは必要ない。無駄に広いことで、昔は婦人警官が駐禁を切る練習に丁度いいとよく切りにきていた。

なぜ道が広いのかと尋ねてみると、「戦争の時に道を拡げた。途中で終戦を迎えたので駅前まで通らなかった」と。

この道（**地図5**左側の「光徳寺」右側の道）は空襲の被害を減らすために家を撤去してできた疎開道路で、綱をかけて家を引き倒して道を拡げたそうです。

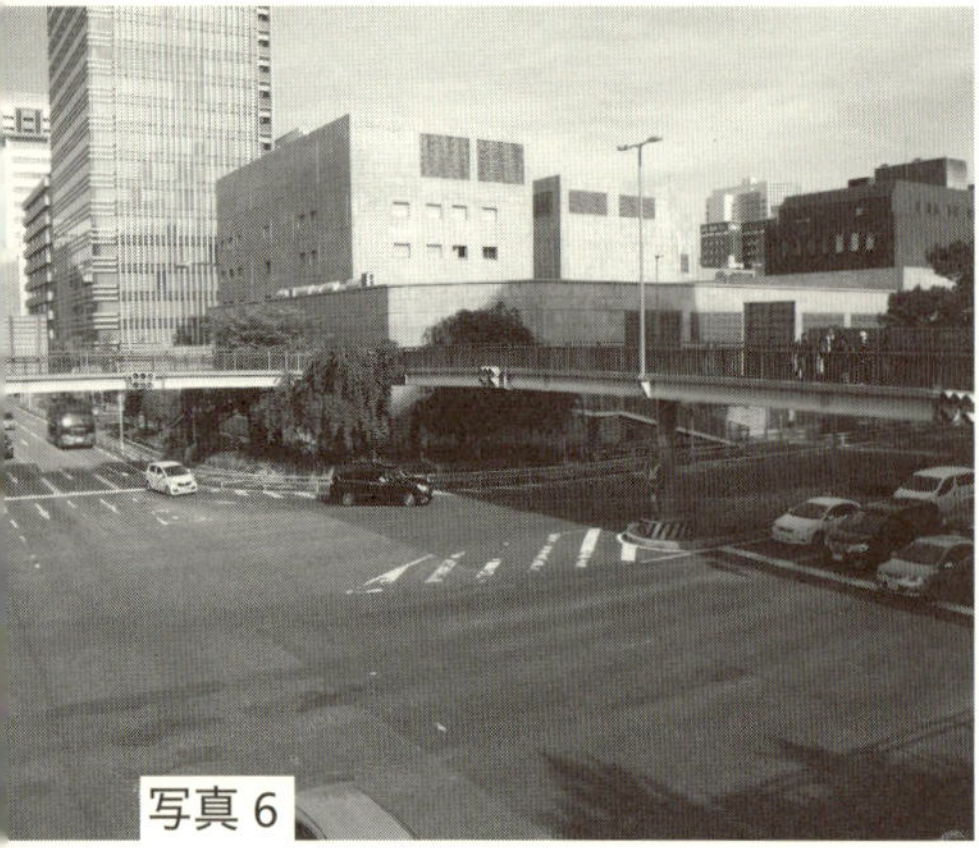
写真6

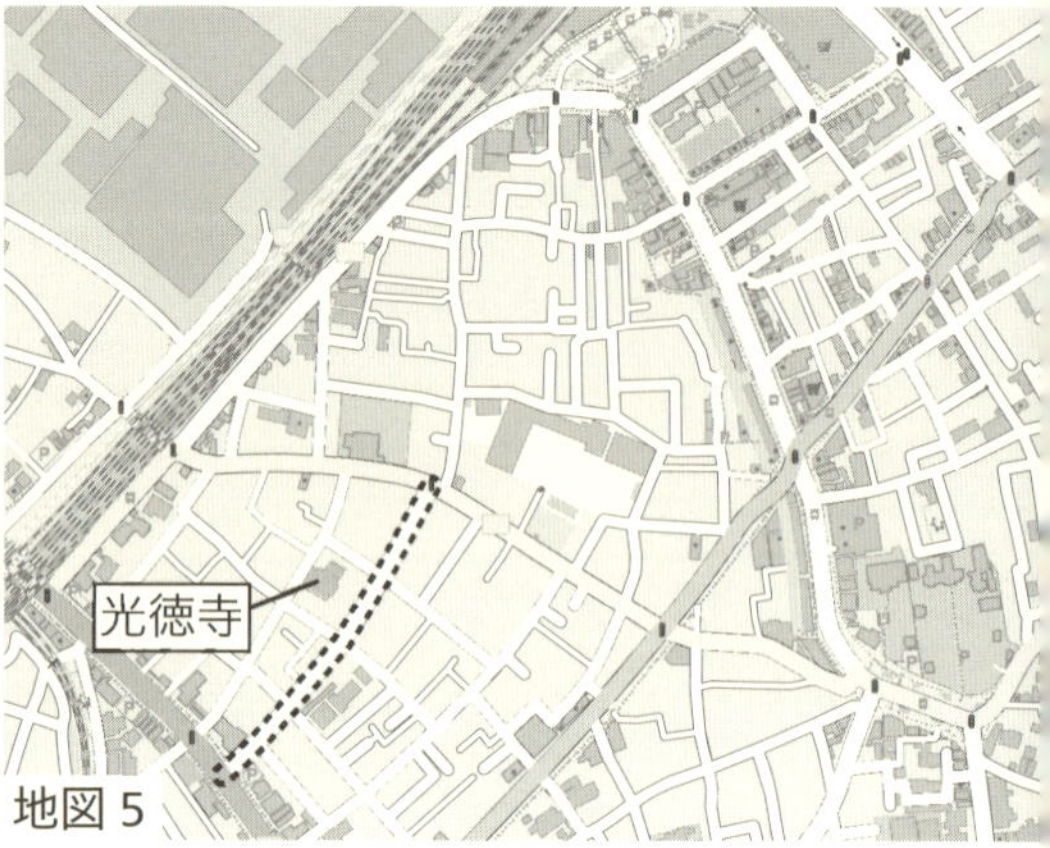

地図5

この建物疎開で１４００軒がなくなり、４千人が家を失っています。戦後には幅22ｍの都市計画道路になっています。そんな悲劇の上にできた道でした。

建物疎開は東京、大阪、名古屋などの大都市を中心に行われ、全国で60万戸以上が撤去されています。京都は空襲を受けませんでしたが、約1万世帯を対象に建物疎開が実施され、結果として五条通、堀川通、御池通が生まれています。１２００年の歴史を持つ古都に広い道を通すことができたのはそのためでした。

写真6は名古屋市の桜通と伏見通の交差点です。この二つの道路も疎開道路です。結果として50ｍ幅の幹線道路が生まれたことで物流や交通の利便性は高まりましたが、歩行者や自転車にはフレンドリーとはいえない都心でもあります。

次の**写真7**は大阪府堺市の中心部を走る宿院通りです。中央分離帯にフェニックスが植えられ、フェニックス通りとも呼ばれています。

建物疎開は、堺でも行われていました。約３６００戸が撤去され、1万2千人が立ち退きに遭ったのですが、その甲斐なく１９４５年（昭和20年）7月に空襲を受け、市街地の大半が焦土と化してしまいました。その後の戦災復興都市計画によって、市の中心

写真７

部の道路は東西南北の碁盤の目状に整備され、宿院通りは東西の幹線道路として幅員50ｍに拡幅されました。そして復興の象徴としてフェニックス通りと名付けられています。

日本では２００以上の都市が空襲を受けています。そのことでその後本格化したクルマ社会のための都市基盤整備が進んだのは皮肉な話です。ちなみにフェニックス通りは堺市のほかに三重県津市と福井市にもありますが、３都市とも戦災を、福井市はさらに１９４８年(昭和23年)に震災の被害を受けています。いずれも不死鳥のように再び甦ることを願って、この名前がつけられているのでした。

広い道をみて「なぜこんな道を通せたんだろう?」という疑問を抱くのはマニアックだとお思いでしょう。ですがこれは大事なリテラシーなのです。日本では戦争と戦災があったことで、道路建設のための立ち退き問題には気づきにくくなっていますが、戦災を受けていないアメリカでは、戦後の郊外化の時代に、スラムと見なされた貧困近隣地区が高速道路を通すため破壊され、住民は立ち退かされています。都市は誰のために、誰の犠牲のもとにできあがっているのかということを、広い道路は時に教えてくれるのです。

写真８

5 いつまでも通らない道路

道を通すのはなかなか大変

写真８は京都府長岡京市のＪＲ長岡京駅から少し南西にある、御陵山崎線（主要地方道西京高槻線）という都市計画道路です。手前側は幅員拡張が終了していて片側２車線、22ｍ幅になっていますが、奥の方では建物のセットバックが終わっておらず、片側１車線のままになっています。**地図６**では分かりにくいのですが、「西京高槻線」とある道路の「神足・古市共同墓地」の南側で道が急激に狭まります。

　都市計画道路とは、都市計画法により「都市の健全な発展と機能的な都市活動を確保するため」に定められた道路のことで、交通事情を考慮しつつ道幅を拡張したり新しい道路を建設したりします。この道路を通すためには、①都市計画決定を受け、道路の建設が決まる、②事業決定を受け、工事に着手する、という二つの段階を経る必要があります。

　そのため、計画は決定しているけれど、工事を行

地図 6

うための予算がつかない、地権者が立ち退きに応じてくれないといった事情から、なかなか道路が通らないといった状況が起こります。

日本には戦後から高度成長時代にかけて計画は定められたものの、現在に至るまで通っていない路線は少なからずあります。この御陵山崎線は１９６７年(昭和42年)に計画決定されていますが、道路として供用を開始したのは２０１８年(平成30年) 12月現在で計画全体の18%となっています。

日本国憲法第29条第3項では、「私有財産は、正当な補償の下に、これを公共のために用いることができる。」と謳われています。これに基づき、公共事業のために土地の所有権その他の権利を国や地方公共団体等に強制的に取得させる行為を「土地収用」といいます。そして公共の利害に特に重大な関係があり、かつ、緊急に施行することを要する特定公共事業については法律上、強制的に収用できることになっていますが、これは成田国際空港建設の時ぐらいにしか使われていません。つまり、戦前の建物疎開とは違って、無理矢理立ち退かせたりしないために時間がかかるんですね。そう考えると、こんな風景をみた時に「この国に、今の時代に生まれて良かった」と思うこともできるわけです。

6 土地区画整理とスプロール
計画が先か、オーガニックに生まれたか

地図7は奈良市にある近鉄奈良線富雄駅の北側の地図です。道路や区画に注目してください。富雄川の西側と東側で開発のされ方がずいぶん異なっているのが分かります。西側は道が比較的広く、区画も整形されているのに対し、東側は道が狭く、また区画が不整形のところが中心になっています。

両者の違いは、土地区画整理事業がなされたかどうかによっています。

富雄川西側の矢田丘陵の頂部にはＵＲ（開発当時は日本住宅公団）の富雄団地が集積していますが、公団は団地の開発と合わせて丘陵の麓も含めた72haの区画整理事業を行っています。そのことで、このエリアにはゆとりを持って建てられた大きな戸建住宅が並んでいます。一方の東側の住宅地は地域の工務店が開発しており、そのため大規模な土地区画整理を行わず、自然の地形に従った開発になっていま

写真９

す。実際に歩いてみると、個々の所有者の土地の一部にアパートを建てるような開発が多かったことが分かります。

もともとの農地や湿地、丘陵地などを住宅地に開発するときに、地域全体の計画を立てずに多くの事業主体がバラバラに開発すると、道路が狭い、通り抜けやすい区画になっていない、公園がない、下水道が通っていないといった、クオリティがもう一つな住宅地が生まれます。このように、都市の膨張とともに住宅が無秩序に郊外に広がる現象のことをスプロール（sprawl）現象といいます。このスプロールが戦後の人口急増期に起こったことの名残りが、第５章でみたような木造住宅密集地です。いったん無秩序に開発してしまうと改善するのが困難で、火災や自然災害のリスクの高い住宅地が長期にわたって残されてしまうことで問題視されていますが、逆に土地区画、住宅の種類や形態、住宅の供給年代が多様で、そのために住民の年齢構成や所得階層も多様化しているため、少子化や高齢化、若者層の減少が一気に進みにくいという側面も指摘されています。

１９６８年（昭和43年）に公布された新都市計画法は、都市地域を「市街化区域」と「市街化調整区域」に分け、後者における開発を原則禁止し、前者については開発許可制度を創設しています。

すなわちこの法律は、「ノーモア・スプロール！」の強い意思から、市街化をコントロールすることを目的に制定されているのです。

写真9は大阪府門真市石原町に見られる風景です。公園とその前に幅の広い、水はけの良さそうな道路が整備されているのが見えます。

実はこの場所には、整備前には38棟の文化住宅が建ち並んでいたのですが、そこに都市再生土地区画整理事業と住宅市街地総合整備事業を使って、共同住宅を建てるとともに公園と区画道路を整備したのです。

写真10は「ガレリア」という新たに建てられた共同住宅です。もともとここにあった文化住宅に住んでいた人たちはここに移っています。経緯を知らないで見ると普通の綺麗なマンションですが、そこには開発に携わった、またここに住まうにあたっての決断をした多くの人たちのドラマが潜んでいるのでしょう。

写真11

7 「ミニ開発」というもの

制度のすき間で作られた住宅地

写真11の風景は大阪府東大阪市瓜生堂《うりゅうどう》にあります。手前の建売一戸建住宅は、大都市近郊で１９６０〜70年代に急速に都市化された地域によく見られるタイプのものです。これらの住宅は「ミニ開発」と呼ばれる開発手法においてよく見られます。

ミニ開発とは、都心周辺部において、開発面積1千m^2未満の敷地に、区画面積１００m^2未満の戸建て建売住宅を密集させた住宅開発をいいます。

１９６８年（昭和43年）公布の新都市計画法には「開発許可制度」が設けられました。具体的には市街化区域での1千m^2（＊）以上の開発行為について許可申請が必要となりました。そこで開発面積をそれ以下にして許可申請を行わずに開発を行うという手法が編み出されました。

（＊）三大都市圏の既成市街地、近郊整備地帯等では５００m^2

写真12

写真13

大阪府大東市野崎では写真12のようなミニ開発地区を見かけました。同じ形をした3階建ての住宅が20軒近く建ち並んでいます。これはいわゆる「一反開発」と呼ばれるもので、もともとは一反の田んぼだった土地を住宅に変えています。一反＝９９４㎡なので、ぎりぎり開発許可がいらないのです。

都市近郊の地価が高いエリアでは、この手法を活用した開発が積極的に行われました。大規模開発に比べてより柔軟に地域の事情に合った住宅を供給できる、地域のニーズを把握した地場の工務店が開発できる、開発地の中に取られた位置指定道路には外部からの車が入ってこないため、子どもが安心して遊ぶことができ、コミュニティの醸成にもつながるといったメリットが活かせる一方で、1軒でも多く建てて儲けたいというモチベーションから住宅を過度に密集させて建てたり、手抜きや違反工事を行ったりする業者も多かったようです。

こうした住宅を購入した人の多くは、近くの文化住宅などの賃貸住宅に住んでいた人たちだったそうです。田舎から出てきて大都市で働いてきて、やはり自分の城を構えたい。でもこの地域を離れたくないと考えた人たちにとって、現実的な選択となったのです。

いま大阪府門真市石原町を歩くと、このミニ開発の進化形をいろいろ見ることができます。文化住宅を建て替えたミニ開発やアパートが多いのですが、3階建てで車を2台留めることができる立派な住宅もけっこう見られます（写真13）。今の若い住宅購入者のニーズに応えると、こういう形にもなるのでしょう。従来のミニ開発のイメージとはずいぶん変わってきています。

スプロール化した住宅地は、その解消に多大な労力と時間を費やしてきた一方で、住宅の種類や形、建った時期が多様化し、そのため住民の年齢構成や所得層も多様になり、ニュータウンで起こっているような人口減少や急速な少子化、若年層の減少、高齢化といった問題を緩和させているというプラスの面も持っているようです。

先にご紹介した石原町のお好み焼き屋のおばあさんは、こんなことも言っておられました。

文化一つつぶしたら、そこに建売が2軒とか、3軒とか、4軒とか建つ。おんなじ形で、1階に駐車場があって。でもみんなローンを組んで買うから、贅沢できんようになるやろ。だからみんな呑みに行かんようになる。風呂もあるし、銭湯も流行らんようになる。店もだいぶ少なったで。今残っとるところは、昔からのお客さんでかろうじて持っとるわ。

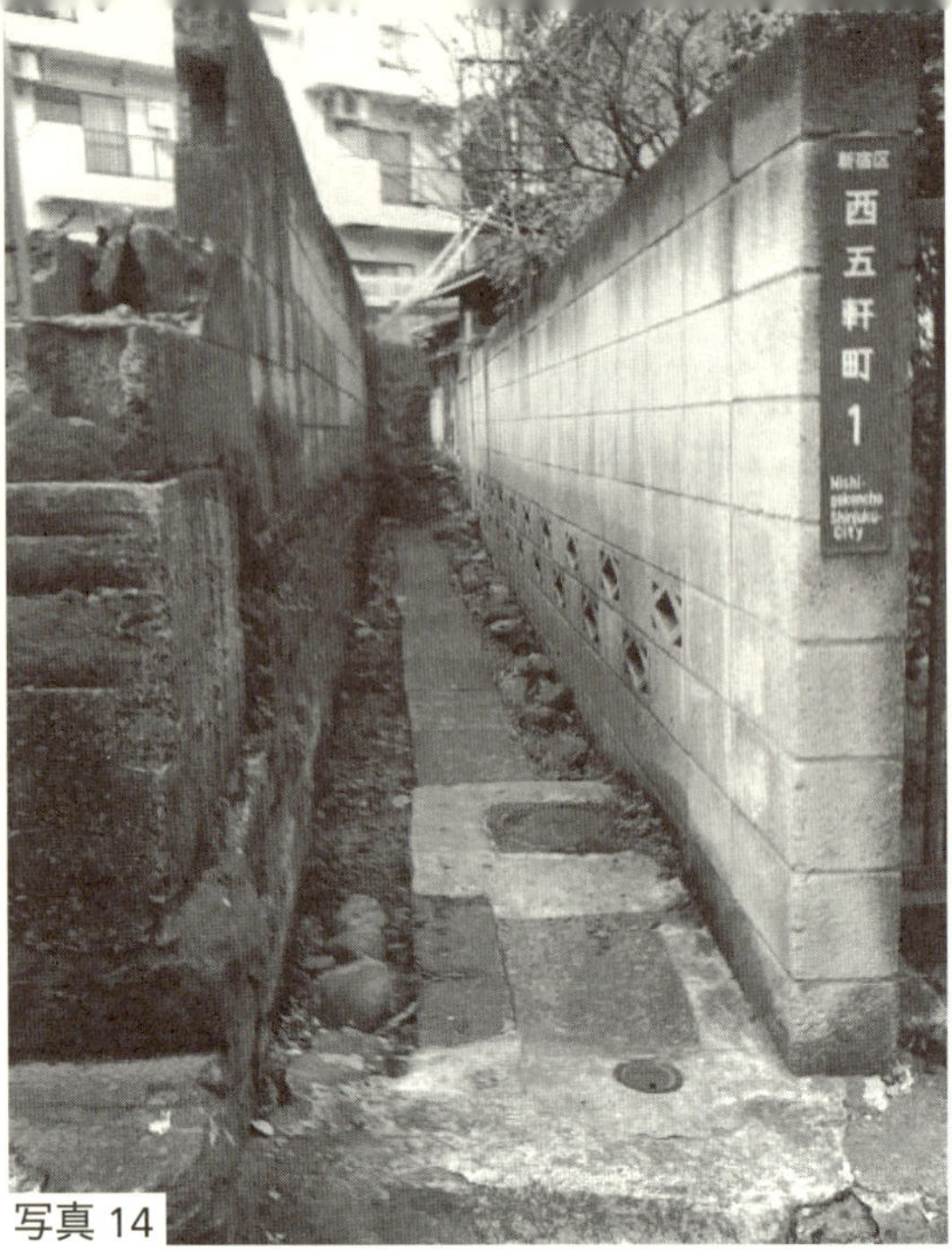

写真14

8 旗竿地のアイロニー
建て替えられなくなった家

写真14の路地は東京の神楽坂にあります。二つのブロック塀の間にある石畳が敷かれた路地奥には、住宅がひっそりと建っています。この路地と奥に建物が建っている土地のことを旗竿地《はたざおち》と呼んでいます。

ある土地を分割して住宅敷地を取る時に、区画の内側の敷地は、外に出ていくための通路を確保する必要があります。その形が竿のついた旗に似ていることから旗竿地と呼ばれているのです。

旗竿地は周囲すべてを隣地に囲まれている、外観にこだわった家を建てても見えないといった環境であるため、地価が周辺の相場に比べて低くなる傾向にあります。

ですが、この写真の住宅には、もっと大きな問題があります。それは「建て替えることができない」という問題です。

1950年（昭和25年）に制定された建築基準法に

写真15

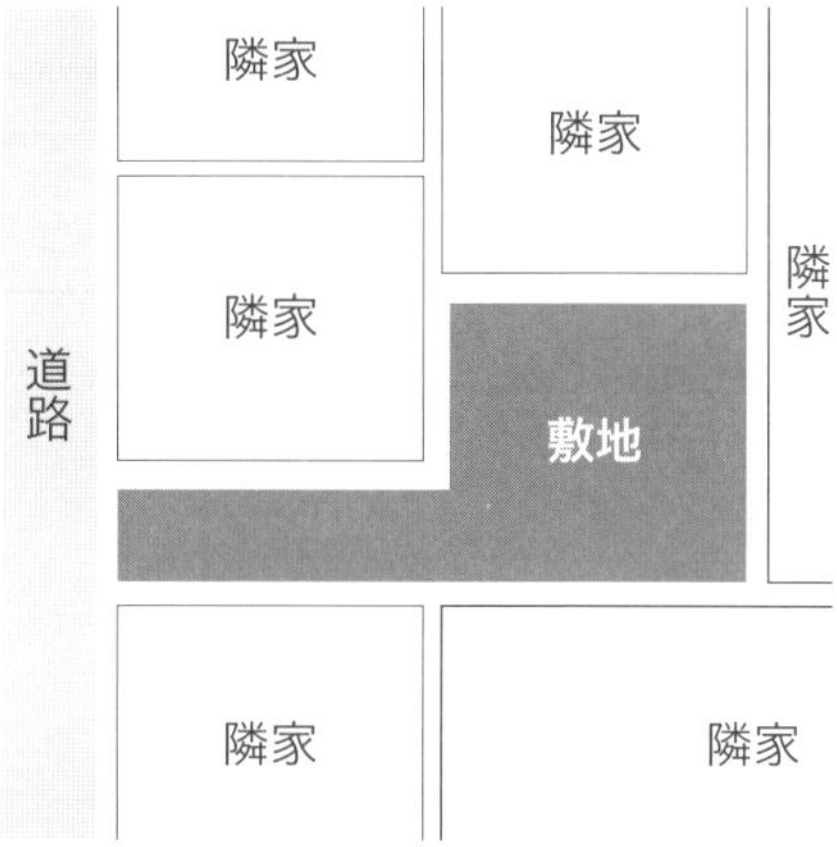

は、建物を建築する敷地は幅員4m以上の道路に2m以上接しなければならないという規定があります。趣旨は災害時の避難や救護活動を可能にするということなのですが、これ以前の法律には接道義務はなかったので、それ以前に旗竿地になった土地では今建っている家をつぶして建て直すことができなくなりました。

この土地の場合はもっと文脈が古そうです。人目を気にせず静かに暮らしている間に、いつの間にか時代が進み、こういう暮らし方を許してくれない世の中になっていたといったアイロニーを、この風景からは感じます。

京都・二条では**写真15**のような旗竿地を見かけました。奥には中央の瓦屋根の町家とイメージが連続する木造住宅が建っているようなのですが、その路地をはさむ両側が現代的な3階建てに建て替わっています。

京都では平安京造営時に120m四方の区画が整備されましたが、その区画の内側に建てられた住宅の中には、この接道義務を果たしていないものが多数あります。取り壊してしまうと再建築ができませんが、改修は可能なので、民泊などで活用しているところもあるようです。

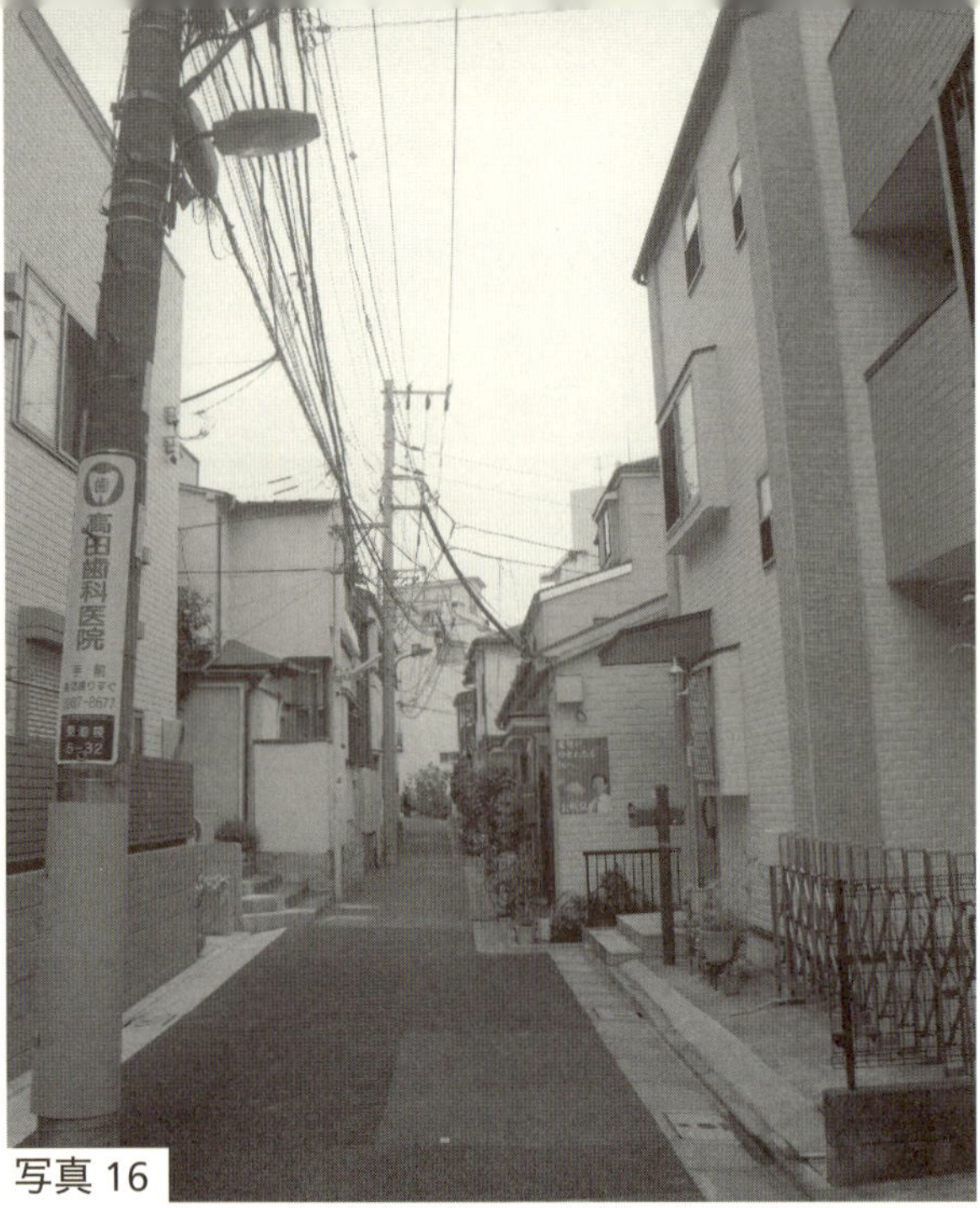

写真 16

9 2項道路とセットバック
クルマ社会化以前からの道の広げ方

写真16は東京都豊島区東池袋の住宅街にある道路です。注目ポイントは、手前側の道幅が広く、奥に行くと車が通れないほど狭くなっている点です。

さきほどみた建築基準法には、建築敷地の条件として、前面道路の幅員４ｍという規定がありましたが、この道の奥の方はどう見ても４ｍ幅はありません。これより前、１９１９年（大正８年）に制定された市街地建築物法での前面道路幅は最低２・７ｍでしたが、それも怪しそうです。実はこの界隈は１９２３年（大正12年）の関東大震災も東京大空襲も免れています。つまり、クルマ社会の到来をまったく意識していない時代につくられた街路がそのまま残されているのです。そして時代が下って法律が改訂されたことによって不適合になりました。こういうのを〝既存不適格〟といいます。

後からできた法律に触れているからといって、前

写真 17

からある建物を取り壊すことはできません。そこで、とりあえずそれを道路とみなすので、次に家を建て替える時には道路の中心から最低２ｍは下がってください、という条項が建築基準法第42条第２項に盛り込まれました。この建て替えの暁にはセットバックすることになっている道路のことを専門家は（僕らも）「２項道路」と呼びます。

この写真に写っているのはつまり、手前はセットバックによって道幅が広がった道路、奥は建て替え待ちの２項道路、という風景なのです。

大阪の中崎町にも、路地の中にこの２項道路に接した長屋物件を活用したカフェや雑貨店、洋服店がいっぱいあります（写真17）。路地を進んでいった先にお店があるというラビリンス的な感覚がこのまちの味わいといえるのですが、新たに建て直すことになれば建物はセットバックし、道は広がります。そんな過渡期の賑わいをこの町は見せているわけです。

写真 18

10 既存不適格の風景

政策はどうまちの風景を変えるか

写真18は京都・河原町二条の交差点です。注目ポイントは「高さがそろっていない」ことです。写真に写っている一帯では現在、建物高さの上限が20mに引き下げられています。右側の建物は7階建てで、おそらく20m以下に収まるように建てられていますが、左側の薄い建物は11階建てで、おそらく31m以下に収まるように建てられています。

京都市は2007年（平成19年）の新景観政策において、市中心部に新築される高さ規制の見直しを行っています。理由は「三方の山並みや京町家等の伝統的な建物との調和を図り、地域の景観特性に応じたきめ細やかな規制を行うため」。それまでの高さの最高限度は10、15、20、31、45mの5段階でしたが、新景観政策では45mを廃止し、新たに12、25mを加え、6段階の高さ規制を市街地の特性に応じて配置しています。

写真19

つまり左の建物は、市の政策変更によって既存不適格になったのです。この政策によって市内には約650棟の不適格マンションが生まれました。ただ、さきほどの2項道路と同じで、これらのマンションは建て替えない限りは何十年でもこのまま存在し続けることができます。

第4章でみたように、京都では近年、外国人観光客の増加によりホテルが盛んに建てられていますが、そのために新築マンションの開発が減っており、また新たに建てるマンションでは階数が稼げないために、マンションの価格は高騰しています。

写真19は2019年（平成31年）1月時点の大阪・御堂筋沿いの風景です。こちらもそろっていませんね。大阪市は逆に2013年(平成25年)に御堂筋沿いに新築される建物の高さ上限を原則50mから条件付きで撤廃しています。そして2018年（平成30年）8月に緩和後初のビルが完成しました。高さは100mあります。このように、規制を強化したり緩和したりしたことによるまちの変化は、何十年かかけて現実のものになっていくのです。

写真 20

11 ペンシルビルが生まれた理由
建ぺい率と容積率で生まれる風景

写真20は東京都墨田区・両国駅近くの風景です。いわゆるペンシルビルと呼ばれる形で、小さな敷地の上に中高層の建物が伸びたような形になっています。真ん中の建物には「そば処」の看板が見えます。そのことから、一角に起こった変化が「てやんでぇ、うちだって負けてられっかよ!」というご主人のセリフとして浮かんできます。上の喫茶店や麻雀屋のご主人や常連さんも、きっとドラマに登場することでしょう。

では、この風景はなぜ生み出されたのでしょうか?

1968年(昭和43年)に定められた都市計画法では、市街化区域について住居、商業、工業など八つの用途地域を定め、建築物の用途・形態・容積などを規制しました。計画なき開発を防ごうというのがその意図です。

写真 21

写真のエリアは現在、「商業地区：建ぺい率80％・容積率600％」と定められています。つまり、建ぺい率いっぱいに建物を建てた場合で7階建てまで建てることができます。そこでお店の改装に合わせて、めいっぱい建てて貸家や貸しオフィスにしたのでしょう。

時代は下り、1997年（平成9年）の建築基準法改正でエレベーター部分などの共用部分の面積を容積率に算入しなくても良くなりました。それ以降に建てた両側のマンションは、そのために9階建てにすることができました。

「おいおい、そんなこと聞いてねえぞ！」そば屋のご主人はこの時、手ぬぐいなど噛みしめながら悔しがったに違いありません。なんともアイロニカルな話です。

次の**写真21**は、大阪市旭区千林《せんばやし》大宮の幹線道路沿いの看板建築です。ここの用途地域は「商業地区：建ぺい率80％・容積率400％」ですので、その気になれば5階建てが建つのですが、両国のようにならなかったのは、おそらく開発圧が働かなかったからでしょうね…

コラム 三国の居酒屋で聞いた話

大阪市淀川区・阪急三国駅から東に数分ほど、商店街の南の筋に一軒の居酒屋がありました。創業は１９６０年(昭和35年)のことです。

店主のお母さんは広島に生まれ育ち、戦時中は電気会社の配電所に学徒動員されていて、原爆が落とされたその日に避難し、苦労を重ねた末にこの地で開業したそうです。

お店の前にはスナックが立ち並び、向かいにはかつては工場が建ち並んでいました。日本アルミ(現ナルコ)、東洋電機、大洋マシナリー、諸星インキ（現ＤＩＣ)、奥谷電機、三國重工業などととも

に、従業員10人、20人の町工場が集積していました。商店街の北側は木造の平屋住宅が建ち並んでいて、工場で働く人たちが暮らしていました。その後向かいの工場はバブル崩壊後の不況により次々に移転、撤退し、跡地はマンションや戸建て住宅に変わっていきました。

北側の住宅地では、土地区画整理事業が進められています。ここも戦前から戦後にかけてスプロール開発され、老朽木造住宅が密集した住宅地となっていましたが、1995年（平成7年）の阪神・淡路大震災を契機に、安全で災害に強い町をつくろうというまちづくりの機運が起こりました。1997年(平成9年)にはまちづくり協議会が設立され、1999年（平成11年）に土地区画整理事業の都市計画決定がなされました。同事業では市営住宅や古い民家を建て替え、道路を拡張することで密集状態を解消し安全で災害に強い町をつくること、地域のあちこちに小さな公園を設置することで子どもにも住みやすい町にすることを目指しています。

居酒屋では、こんな話を聞きました。

立ち退きを求められている住民は、家を壊して、写真を撮っ

て持って行ってはじめて補償金がもらえるが、解体費用がないために、また出て行っても再建できないために、出ていけない人がまだまだ多い。

平屋で住んでいると、朝起きたら玄関の扉を開けて隣近所に「おはよう」と声をかけ合うことができる。マンションに移るとそれができなくなる。

そういうことが、なかなか移転に踏み切れない理由だったりするそうです。そして、「建て替えて同じ場所に戻ってくる人は少ない。お店をやっていると、今までのお客さんが来なくなってしまうので大変」ともおっしゃっていました。

そんなお話を伺ったのは、２０１４年（平成26年）のことでした。この居酒屋も今はなくなってしまっています。

第8章

【災害】から読みとく

写真１

1 洪水に備えていた暮らし

かさ上げから神頼みまで

兵庫県西宮市にある阪神甲子園球場の南西側に、神社があることにお気づきでしょうか（写真１）。甲子園素盞鳴《すさのお》神社。高校球児が甲子園出場や優勝を祈願する神社として有名になっていますが、この場所にスサノオさんが祀られているのには理由があります。

甲子園球場は、１９２４年（大正13年）、武庫《むこ》川の改修で廃川になった枝川・申川の跡に造られていますが、球場ができる前、この神社は枝川と申川の分岐点にありました（地図１）。

武庫川の本流・支流域には、多くの「スサノオ神社」があります。尼崎市には25社もあるそうです。これらの神社は武庫川の氾濫で甚大な被害を受けていた村人たちによって、荒ぶる武庫川を鎮めるために祀られています。江戸時代までの祭神は水を司る牛頭《ごず》天王で、明治初期の廃仏毀釈の時からスサノオ

写真 2

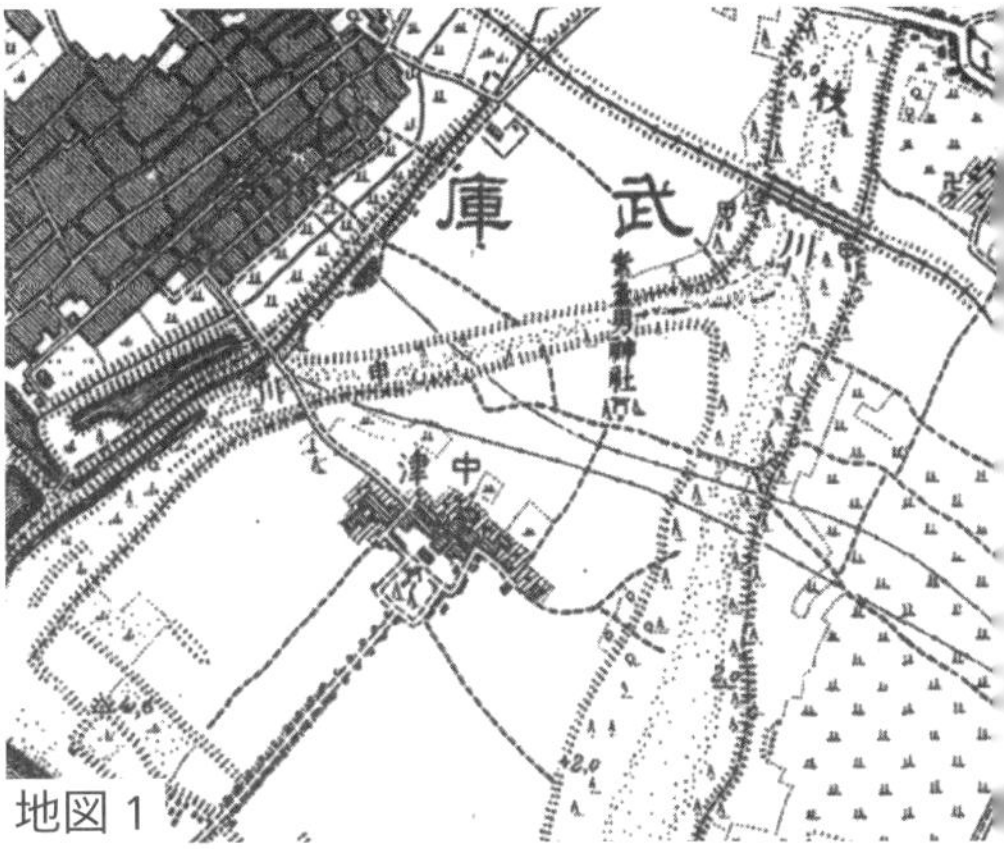

地図 1

出典：国土地理院地図 1/20000 西ノ宮（明治 42 年測図・明治 44.9.30 発行）

さんを祀るようになったのだそうですが、いくつもの支流に分かれて流れる暴れ川をヤマタノオロチと見立てて、それを治めたのがスサノオノミコトだから祀っているのだというドラマチックな解釈にも惹かれるものがあります。

写真2は、大阪府門真市・古川橋駅近くにある住宅と蔵です。この石組みで高くした蔵は、地域では段蔵《だんぐら》と呼ばれています。低湿地帯だった門真は昔から水害に悩まされてきました。大雨や満潮によって増水し逆流する淀川の水から家財を守るために、こういう建て方をしているのだそうです。

大阪府大東市御供田《ごくでん》には**写真3**のような場所があります。真ん中の緑道はかつての恩智川《おんちがわ》の河道で、奥に蔵が建ち並んでいます。やはり底上げしてありますね。かつては水運で栄えた場所でしたが、一方で土地が低く、大雨が降ると生駒山地からの雨水や土砂が集中して流入し、たびたび洪水を引き起こしていた場所でもあります。

写真4は大阪府豊中市庄内に残されている輪中《わじゅう》の跡で、野田輪中堤といいます。庄内も土地が低く、猪名川水系の氾濫に悩まされていた場所だったそうです。１８８５年(明治42年)の**地図2**を見てみると、地域にある二つの集落を囲むように堤が作られてい

たのが分かります。

こうしたポイントから、僕らは、昔の人たちが川の氾濫を想定しつつ営んでいた暮らしに思いを馳せることができるのです。

写真 3

写真 4

地図 2
出典：国土地理院地図 1/20000 伊丹（明治 42 年測図・明治 44.10.30 発行より）

写真5

2 水害が変えた風景

まちと水辺を分離する解決策

写真5は奈良県北葛城《きたかつらぎ》にある王寺町中央公民館です。建物の横には屋上まで上がれる階段が付いています。この建物は1974年（昭和49年）に建てられているのですが、おそらく階段は後から取り付けられたものです。

1982年（昭和57年）、大和川の水が葛下《かつげ》川を逆流してあふれ、王寺駅周辺の多くが水没しました。久度《くど》のあたりでは「57水害浸水深」という標識が電柱などに取り付けられています。見た中でいちばん高いところは2・4mでした。

王寺というまちは、大和川水系のいくつもの川が合流する場所にあります。つまり、もともと水害リスクの高いまちなのです。

久度では、側壁に木目調のトタン板を張った家や蔵を数多く見かけました（写真6）。水害後に補修されたものなのでしょう。余談ですが、こうした防水

写真6

写真7

性の外壁は雪国では当たり前のようで、秋田県五城目町では地域のほとんど全ての住宅はこうなっていました（**写真7**）。水害リスクのあるまちにも必要な知恵なのかも知れません。

次の**写真8**は、大阪府大東市の住道《すみのどう》駅前から恩智《おんち》川を撮ったものです。両岸に鋼版の護岸が見えます。

大東市では１９７２年（昭和47年）の豪雨により寝屋《ねや》川・恩智川が氾濫し、流域は広範囲にわたって浸水しました。その後の治水工事により川幅は拡張され、川床は掘り下げられ、川岸は護岸され、流路が一部変更されています。

写真8のような鋼鈑で築かれた護岸は、矢板護岸と呼ばれます。垂直に立てられており、その背後には道路をはさんですぐに建物が建っています。周囲がすでに市街地化されていて、建物の移転が難しい状況で川幅を拡げるための現実的手段だったのでしょう。

写真9は寝屋川にかかる橋の下側の階段です。６ｍほど登らないと川を渡れないので大変だと思いますが、地元の人々にはこの堤防で自分たちの生活が守られているという意識が強いようです。堤防のすぐ近くにある沖縄料理屋のママからはこんな話を聞きました。

写真8

写真9

昭和47年の7月と9月に2回、大きな水害があったのよ。7月は水がなかなか引かず、9月は水が一気に来たのよ。逃げずに家にいたんだけど、最後には助けてもらった。水害の様子はテレビで全国に流されて、沖縄からもずいぶん電話をもらった。水ってこわいもんだなぁと思った。水害のあとに、堤防が高くなった。あれがあって水があふれなくなった。有難いと思う。

余談ですが、ここに沖縄料理屋があるのは、かつて駅の南側に鐘紡の紡績工場があり、そこで沖縄出身の女工さんがいっぱい働いていたからだそうです。工場の跡地には「ベルパーク」という名前のマンションが建てられています。鐘だからベル、なんですね。

「羹《あつもの》に懲りて膾《なます》を吹く」ということわざがあります。熱い吸い物を飲んでやけどをしたのに懲りて、冷たいなますも吹いてさますという意味で、前の失敗に懲りて必要以上の用心をすることをいいます。近年起こった水害への対応は、住民に安心を与える一方で、まちと水辺とを分離する方向に向かいました。この傾向はこれからどうなっていくか、どうできるかも考えてみたいところです。

写真 10

3 土砂災害を想定した暮らし

まちを支える縁の下の力持ち

写真10は、兵庫県川西市・一の鳥居駅の先にある〝法面《のりめん》〟です。法面とは、道路建設や宅地造成などを行った場所で、切土《きりど》や盛土《もりど》により作られる人工的な斜面のことをいいます。言うまでもなく土砂が崩れてくるのを防ぐためのものです。

この写真を撮ったのは２０１５年（平成27年）４月ですが、今ここは植物に覆われています。おそらく崩落があり、補修し直したばかりだったのでしょう。

次の**写真11**は、阪急神戸線の線路沿いの擁壁です。花崗岩で作られた擁壁が二層に分かれていて、下側の方が歴史が古そうです。神戸あたりでは花崗岩のことを地元の地名を取って御影《みかげ》石と呼びますが、下側の擁壁は六甲山麓で採れた御影石を使っています。

写真12は奈良県三郷町にある近鉄生駒線・勢野《せや》北口駅から少し東に行った線路沿いです。２０１７年（平成29年）秋に台風による大雨で住宅の下のコンク

写真 11

写真 12

リート製の擁壁が崩れて土砂が流出し、むき出しになった基礎がかろうじて上の住宅を支えていた画像が、当時ニュースで頻繁に紹介されました。その近くで地元の方からこんな話を聞きました。

あそこは山の裾野。斜面地に土を盛って造成しとったが、その土がちょうど流れてしもうとる。あの山は、まず上の方から造成された。そっちの家は擁壁をしっかり造っとる。あそこは最後まで残っとったところで15年ほど前に造成された。多分手抜き工事やろう。業者はもう倒産してしまっとる。地元のもんはああいうところは買わん。よそからの人が知らんと買ってしもうとる。

斜面地の上に建っている建物は、大雨や地震の時には大きく崩れる可能性があることにあらためて気づかされる機会が、近年増えてきました。そして地元の方がいみじくもおっしゃっていますが、開発業者に責任があっても被害を保障してもらえないかも知れません。こうした場所での生活が、法面と擁壁という縁の下の力持ちによって支えられているということも、まちのリテラシーとしてぜひ意識してみてください。

写真 13

4 火災を想定した暮らし

消防車がなかった時代の備え

写真13は大阪府吹田市の内本町にある住宅です。やはり石組の上に蔵が建てられていますが、今回の注目ポイントは右側に植えられているイチョウの木です。

イチョウの木には水分が豊富に含まれているため、燃えにくいのだそうです。つまりこれは、家屋や蔵が火災に遭うことを避けるための防火帯なのです。

昔の住宅は多くが木造だったので、いったん火が出ると消火が大変でした。消火用のポンプが使われるようになったのは明治以降のことで、それ以前の消火活動は主に、延焼を防ぐために建物を壊すというものでした。そのため家財を火災から守るための備えが今以上に求められました。そもそも蔵を建ててそこに大事なものをしまうというのがそういうことですね。また古いまちでは、防火用水の水槽があちこちに残されているところもあります。

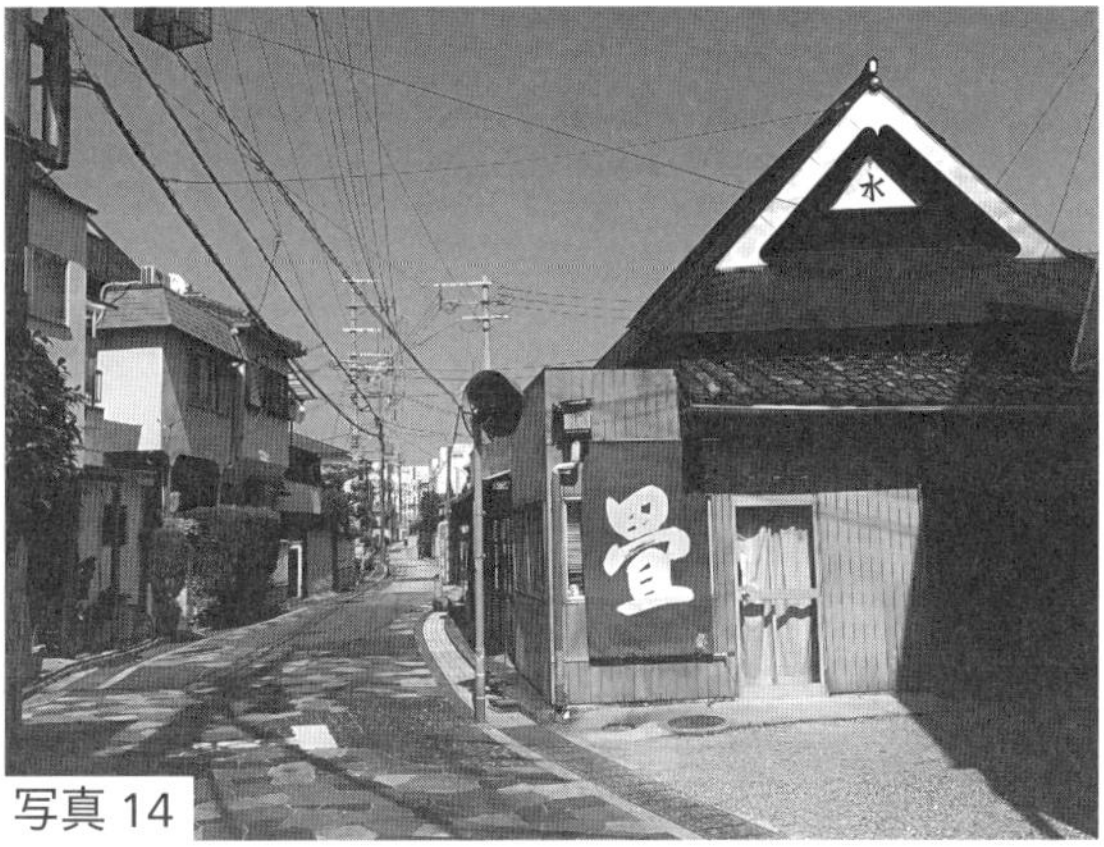

写真 14

写真14に写っているのは、大阪府北部にある箕面市牧落《まきおち》の旧西国街道沿いにある畳屋です。切妻屋根の下の破風《はふ》と呼ばれる部分に「水」という文字が書かれていますが、これは水文字と呼ばれる、火災から建物を守る火伏せのまじないです。神社などでは、懸魚《げぎょ》といって、破風板の下に魚のような飾りを取り付けたものをよく見かけますが、これも水にゆかりの深い魚を描くことで火伏せを祈願したものです。社寺建築などに多く見られますが、庶民には制限されていたために、庶民の間では水文字が江戸時代末から見られるようになり、明治になって定着したのだそうです。

ところで、地域の消防活動には常勤職員がいる自治体消防と、地域住民のボランティアによって組織される消防団とがあります。歴史的にみると、全国の都市に公設消防署が作られたのは昭和以降のことで、江戸時代の町火消し、明治時代の消防組、そして現在の消防団というあり方が一般的な形でした。こうした防火に対する備えを「自分たちの地域を自分たちで守る」という意識とともに見てみると、まちにはどういう工夫があったのか、そして何が必要なのかにあらためて気づかされます。

写真15

5 大震災の痕跡
新しいことから推察される震災の被害

写真15は神戸市灘区にある、阪神岩屋駅の駅前の風景です。背の高いマンションの谷間に3階建ての切妻屋根の建物が見えます。一軒だけ開発されずに残ったように見えますね。

Walkin' Aboutでこのまちを訪れた時に、駅前にある喫茶店の店主から、こんな話を聞きました。

駅の入口はもともと西の交差点のところにありましたが、震災でつぶれて移動し、うちが駅前になりました。このあたりは被害がきつく、高くてきれいな建物は阪神・淡路大震災以降に建て替えられたところです。

つまり、そういうことだったのです。

この場所の用途地域は近隣商業地区で、現在の建ぺい率は80%、容積率は400%です。つまり、普

写真16

通に建てると5階建てぐらいになるはずですが、もっと高いマンションが建ち並んでいるのは、震災復興の局面において、住宅ストックの早期回復という観点から容積率や高さの制限が緩和されたことによっています。

災害に遭ったあとの街では、このように、都市の更新が一気に進みます。

こうしたアイロニーを、建物の外壁から知ることもあります。兵庫県芦屋市の西部の、神戸市と接する津《つ》知《ち》町を歩くと、サイディングパネルで外壁を包まれた美しい住宅が建ち並んでいます（写真16）。この素材は1970年代に登場し、平成に入ってから本格的に普及します。「パッ！とさいでりあ〜」というコマーシャルが流れていた頃のことです。

日本の家の外壁は、戦前には板張りや土壁などが一般的で、防火を意識した建物では漆喰や銅板などが使われていました。空襲によって多くの都市で家屋が焼失したことで、1950年（昭和25年）に制定された建築基準法では、外壁の材料を防火構造とすることが義務付けられ、以降はモルタル塗の外壁が一般的になりました。そしてサイディングパネルの登場で塗装工程が不要となり、コストダウンが図れることから平成以降はこちらが主流にな

写真 17

りました。こうした知識を持っていると、建物の外壁を見れば、それがいつ建ったものかの見当がだいたいつきます。

つまり、サイディングパネルの住宅が建ち並ぶ住宅地は平成以降に開発されたところなのですが、津知町は江戸時代の津知村に基づく地名で、日吉神社を鎮守として祀っている地域、つまり旧集落なのです（**写真17**）。

お察しの通り、津知町も阪神・淡路大震災で大きな被害を受けた地区の一つです。津知と隣接の川西地区では、92％の建物が全半壊しています。この町はもともと農地で、耕地整理・土地区画整理を経て住宅地に変わっています。被害の大きかったところは湿地帯だった土地を開発し、文化住宅をはじめとする老朽木造家屋が建ち並んでいた場所なのだそうです。

大震災で大きな被害を受けた地域では、住民の方々が苦労と努力を重ねて復興を果たしましたが、事情を知らない人から「きれいな街ですね」と言われることがあり、そういう時には複雑な気持ちになると、先ほどの喫茶店の店主から伺いました。

写真 18

6 災害と再開発

計画的復興だけでは解決できないこと

神戸市長田区・JR新長田駅の南西側を南北に走る「新長田1番街」。そのすぐ前には、鉄人28号の巨大なモニュメントがこぶしを振り上げて立っています（写真18）。

この町は、阪神・淡路大震災で発生した火災により、その多くが灰燼に帰してしまいました。そのため、震災からの復興は市街地再開発事業と土地区画整理事業で、新たにまちをつくり直すという長い道のりとなりました。このモニュメントは復興のシンボルとして2009年（平成21年）に設置されています。

市街地再開発事業では、土地の共同化と容積率の引き上げによって、以前の床面積を大きく上回る規模の床を新しく出来るビルの中に確保します。もともとの所有者は持っていた土地・建物の価値に見合う広さの床を権利床《けんりしょう》として取得し、新たに生み出さ

写真 19

れた残りの床は保留床《ほりゅうしょう》として開発事業者が取得します。この保留床がいわば〝打出の小槌〟で、ここで利益を生み出せるからこそ再開発の費用が捻出できるのですが、床が埋まらないと絵に描いたモチになります。ここが復興再開発の難しいところですが、復興には費用がかかる、その費用を工面するために高いビルを建てるというロジックは一種のシーズ発想で、借りたいテナントがあるからビルを建てる、の順番で物事は進んでいません。実際に再開発ビルの中を見てみると、公的な施設がけっこう多いことに気づきます。

写真19は、先ほどの新長田駅の北西にある神戸高速鉄道・高速長田駅から南に進んだところにある「すがはらすいせん公園」の周りの風景です。公園がある場所にはかつて菅原市場がありましたが、震災により全焼してしまいました。その後複数のお店が共同でスーパーをオープンさせましたが、今はなくなっています。単独で再建を果たした何軒かのお店が、住宅街となった一角に今も軒を連ねています。そこには長い長い、希望と努力の物語があったはずです。

写真20はかつての菅原市場の近くにある交差点です。両サイドに道幅の広い歩道が縦横に走り、計画的にゆったりと区割りされ

写真 20

ていることが分かります。

近くの喫茶店のご主人から、こんな話をうかがいました。

震災から数ヶ月後に、仮設店舗で営業を再開し、何年かはそこで営業していました。

区画整理が始まるタイミングでお店を閉めて、建物が完成してから戻ってきました。

この歩道は減歩《げんぷ》によって生み出されています。減歩というのは土地の権利者が道路や公園などの用地を取るのに、みんなが土地を少しずつ出すことです。「こんな広い歩道、本当にいるんか?」と言っていた人もいました。

震災後には近所に住んでいた多くの人たちが出て行きました。住み続けたいと思っていた人の中には、減歩に対応できずに出て行った人もありました。うちはきれいになりましたが、馴染み客はずいぶん減ってしまいました。

おそらく多くの住民の方々は、震災が起こるまで「げんぷ」という言葉を聞いたことがなかったのではないでしょうか。東日本大震災でもそうだったと思いますが、大きな災害に遭ったまちを復興するための作業は、住民が都市計画やまちづくりについてのリテラシーを上げるところから始まったはずです。そしてそこから、住宅を再建し、商売を再開するためにはどんな方法があり得るのかを考え、話し合い、合意形成へと進んでいったのでしょう。

災害に対する備えは、避難場所を確認し、消火器を設置し、懐中電灯とリュックと非常食を用意しておくだけではなく、もし現在のまちの形が変わってしまうほどの被害が出てしまった時に、復興にいたる道筋はどういうものになるのか、どのようなものであるべきなのかについて考え、話し合っておくということでもあります。地球温暖化の進行によって頻発する傾向にある大雨、洪水、土砂災害だけでなく、地震からも逃れられないこの国では、特に大事なことです。

第9章
【愛着】から読みとく

ここまで私たちは、まちにある風景を見るところから、その背景にある意図を読みとく作業を重ねてきました。そこから「まちを今の姿に留めようとする力」と「まちを変えようとする力」がどのようにせめぎ合い、葛藤を生み出すのかを、芝居を観るように観察してきました。

新たにまちをつくる時、もともとあったまちを別の形に変える時には、意志や労力や投資や時間が必要です。一方で、いったん出来上がったまちを維持するには、変える時ほどの力は必要ありません。そのため僕らは、まちの「理想的な状態」よりもはるかに多くの「多少の問題はありつつも現状を維持している状態」とつき合っていることになります。

私たちは、多少不便であっても建物を昔の姿のままで残していたり、長年続けてきた商売を儲からなくなった後も続けていたり、必然性が見えなくなった慣習を保ち続けていたりします。それはまちが持っている大いなる慣性力に従ってのことかも知れませんが、そうした現状維持の営みの中から、そこにある日常の風景や人々の営みに愛着を覚えるようになり、そのまちで暮らし続けることが、自分自身の誇り、アイデンティティと重なるようになってきます。「住めば都」とはそういう生活者のメンタリティを表した言葉なのでしょう。そしてまちはしばしば、それを生み出した人の意図を超え、地域にとって守るべきものへと結晶していきます。

しかしながら、これまでいくらか見てきたように、こうしたロマンチックな現状維持は、経済合理性や政治的な意図、経年劣化、突然の災害などにより、突如として存続の危機を迎えたり、終わりを迎えたりすることがあります。そうなった時に、ぼくらはまちの価値や、まちに対して感じてきた愛着をどう再現することができるでしょうか?

最終章では、そういう未来に向けた問いについて考えてみたいと思います。

写真 1

1 保存か、開発か

「腰巻ビル」という現実解

写真1は、神戸・三宮の海側にある旧居留地と呼ばれるエリアです。明治の初めに神戸の港が海外に開かれた時に、外国人居留地として造成されました。1899年（明治32年）に日本側に返還されて以降、大正から昭和初期にかけて日本の商社や銀行が多く進出し、ビジネス街として発展しています。

この写真のポイントは、震災が起こった後に、この地にあった二つの近代建築ビルが、少し違った角度から改修されているのが1枚に収まっているということです。

右側に写っているのは、1922年（大正11年）年に竣工した「商船三井ビルディング」です。大正期の大規模オフィスビルとして現存する唯一の建物です。阪神・淡路大震災の後には改修を行い、2012年（平成24年）には大がかりな耐震補強工事も行われています。

その左隣（中央）に見えるのは「神戸海岸ビル」です。もともとは１９１８年（大正７年）に三井物産神戸支店として建てられた建物でしたが、阪神・淡路大震災で全壊認定を受け、外壁を撤去・保管した後、同じ場所に再建された高層ビルの低層部に旧外壁を再構成しています。

つまり、商船三井ビルディングは元通りに改修され、神戸海岸ビルは上に新たな建物を載せつつも、下側は昔の建物のように建てられているのです。

写真２

次の**写真２**は１９３５年（昭和10年）に建設され、２００４年（平成16年）に再建された大阪証券取引所ビルです。もともとの外観の上に容積率を最大まで活かしたオフィスビルが載っています。高層棟をセットバックして建てているので、一見それとは見えない造りになっています。

このように、レトロビルの一部を残してその上に高層建築を新築する手法を「腰巻ビル」と呼ぶのだそうです。元通りに修復すると建物は低層のままで、新たにもっと高い建物を建てれば使えたはずの床を諦めることになります。かといって、多くの人たちに愛されてきた建物と全く違う新たな建物を作ってしまうのは忍びない。この〝歴史的建築の保存〟と〝経済合理性〟という二つの要求を何となく満たす現実解として、日本で近年よく見かける手法になってきています。〝何となく〟と書きましたが、僕はなかなか良い手法だと思っています。外観に昔のアイコンが残っていることで、その建物を見ればいつでも、歴史的なつながりを持ってまちを感じることができます。多くの人たちに愛されつつも失われていった、数多くの建物や風景のことを想えば。

写真 3

2 ヒューマンレベルの投資と挑戦

個人レベルの再生が生み出す活気と魅力

写真3は、京都市中京区にあるJR二条駅の南西にある西ノ京小倉町の風景です。姉小路通りを東に望んでいて、奥には「B・i・V・i二条」という、映画館などが入居する複合商業施設が見えています。

この風景が面白いのは、駅前再開発と線路の高架化によって、近接しているまちの利便性が高まり、個人店レベルの小さな開発が促されたことです。二条駅の西側はかつて貨物ヤードがありました。その西側は大正末期までは近郊農村でしたが、その後市街地化が進み、長屋が建てられました。貨物ヤードによって線路の西と東は分断されてきましたが、その後ヤードは廃止され、山陰本線は高架化され、土地区画整理事業によって駅前空間が整備され、商業施設が置かれたことで人の流れが生まれました。このことで、区画整理に遭わずに残された長屋を改修したカフェやショップが次々にオープンしました。

写真4

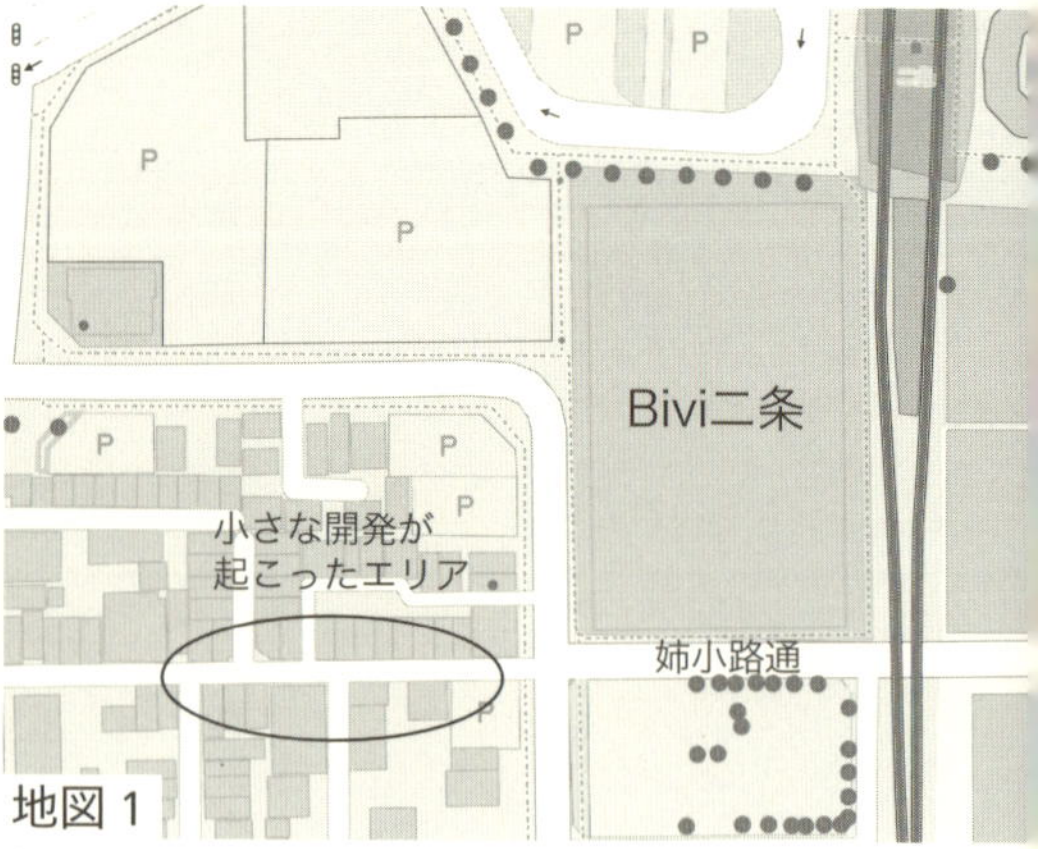

地図1
© OpenStreetMap contributors

小ぶりで家賃が高くない物件では、さまざまな小商いの実験が可能です。そしてチャレンジャーが集まってくるまちは活気を帯びてきます。僕がコモンカフェを営んでいる大阪の中崎町にも、大阪駅の程近くに長屋が残されているので、同じようなことが大規模に起こりました。まちが長年変わらなかったことで残されてきたストックがまちに新たな価値をもたらすようになったのです。

写真4は大阪ミナミ・千日前にある味園《みその》ビルの2階です。キャバレー、スナック、ダンスホール、宴会場、サウナを備えたこの複合レジャービルは高度成長期に活況を呈しましたが、1990年代半ばには低迷期を迎えました。同ビルの2階のテナントスペースは、一時期は大半が空いていましたが、2004年（平成16年）に運営会社がテナント料を大幅に下げ、若いオーナーのバーや飲食店を誘致したことで、サブカルチャー、アンダーグラウンドな雰囲気のお店が蝟集し、ふたたび賑わいを取り戻しました。ただ、近年の外国人観光客の急増もあいまって賃料が上ってきているそうです。また〝普通のお客さん〟が増え、独特のカルチャーが薄まってきているなどの悩みもあるようです。

写真5

3 復興のための超法規的措置

再建後に残せた路地

写真5は大阪ミナミ・法善寺横丁。石畳の路地の両側に飲食店が建ち並ぶ情緒深い風景です。このまちは、２００2年（平成14年）の道頓堀の旧中座の火災による類焼と、翌２００3年（平成15年）の火災により沿道の多くの店舗が被害を受けています。

この横丁のかつての道幅は２・６mでした。つまり2項道路で、建築基準法的には焼失した後の再建のためには、延焼を防ぐために道路の中心から２mセットバックする必要がありました。そうすると、通りすがりの人同士の肩が触れ合うような路地の趣は失われてしまいます。では、どうすればかつての風情を失うことなく、横丁を再建することができたのでしょうか？

ここで使われたのは、連担建築物設計制度という特例措置でした。これは一団の土地にある建物をすべて同一敷地内の建物と見なすというものです。たしかに、マンションやテナントビルの中の通路は４ｍもないですよね。街全体をそれと同じ扱いにしたのです。飲食店を３階建て以下の耐火構造とし、避難用バルコニーを設置するなど防災に配慮することで、横丁の道幅を２・７ｍとして建て替えることが可能になりました。この建て替えは、クルマ社会の到来以前に作られた、親密性を感じられる距離感のまちを残すための方法として、画期的なものだったといえます。

２０１４年（平成26年）には、大阪市淀川区・阪急十三駅西側にあった飲食店街「しょんべん横丁」で火災が発生し、39店舗が焼失しました。その後新たな建物が建てられ営業を再開していますが、横丁の東側の私道の道幅は２・５ｍから４ｍに拡張され、外観が一新されています。一方で現地での再建をあきらめ、新天地を求めたお店も少なくなかったようです。

さて、この二つの復興には、どういう差があったのでしょう。まちの文化的洗練度なのか、当事者の合意形成ができたかどうかなのか、費用が現実的だったかどうかなのか。残念ながら詳しいことは分かりませんが、多くの人に愛された大事な場所が失われてしまった時に、どうすれば復元できるのか、または保存的に再開発できるのか、そのためにはどんな方法が使えるのかといったリテラシーが、もっと一般化すればいいのにと思います。

4 人が心地よく感じる環境

心地よさを与える「パターン」に注目する

都市計画家・建築家のクリストファー・アレグザンダーは『パタン・ランゲージ』(1977年、邦訳1984年)の中で、まちやコミュニティ、建物、構造・施工・インテリアといった観点から、人々が〝心地いい〟と感じる253のパターンを抽出しています。

パターンの中には「半分隠された庭」「座れる階段」「壁のくぼみ」など、そういえば「心地いい」と感じた場所ってそうなっていたよなと気づかされるものもたくさんあります。この心地よさ、つまり、ここに行きたい、ここで時間を過ごしたいと思える場所や風景があることは、まちへの愛着と大きくつながります。

アレグザンダーは、これらのパターンはさまざまな社会に普遍的に見られるもので、かつては多くの人たちに共有されていたけれど、急速に近代化が進む中で忘れられつつあると考えています。そして、まちをつくる営みを有名な建築家や都市計画家にまかせてしまうのではなく、パターンを見出した生活者がより良いまち、愛着の持てるまちについて考え、専門家とともにつくっていくべきであろうという道筋を示しています。言ってみれば「まちづくりの民主化」ですね。とても興味深い視点です。

様々なまちを歩いていると、この人々が〝心地いい〟と感じる環境に出会うことがよくあります。直観でとらえているものなので、それがデザインによってそうなっているのか、たまたまの取り合わせによるのか分からないことも多いのですが、「それはなぜ心地よいのか?」と追っかけてみると、いろいろなことに気づきます。ここでは、そんなパターンをいくつか見てみましょう。アレクザンダー氏のパターンとは必ずしも一致していませんが…

写真6

写真7

●水辺へのアクセス

写真6は神戸市東灘区を流れる住吉川です。近所の人たちはここでランニングしたり、川辺を歩いたり、川の中で遊んだりして楽しんでいます。

六甲山から海までの距離が短く傾斜が急なため、大雨が降ると濁流は時に石垣の上の方にまで達しますが、ふだんは水に親しめる心地いい空間になっています。両側の堤防の上は道路で、ここには車も自転車も入ってこないので、安全でリラックスした時間をここでは過ごすことができます。

●緑のある歩行者通路

写真7は埼玉県大宮市でたまたま見かけた風景です、武蔵一宮氷川神社への参道が緑道として長く続いていて、特に何かの催しがあったわけではないのに多くの人が歩いていていました。緑に包まれていて、道幅は狭すぎず広すぎず、やはり車への気遣いをせずに歩ける道は、地域の人々に慕われる道になるようです。真ん中に車が走っている並木道はあちこちにあるのに、歩行者通路ではめったに見かけないなと改めて思います。

写真8

写真9

●座れる場所

写真8は大阪駅のすぐ前、グランフロント大阪の一角にある広場です。6月の夕方5時頃に撮った写真で、日が陰って涼しくなってきた中に多くの人がそれぞれに場所を見つけて座っています。日本のまちには気兼ねなく座れる場所が多くないので、人々の座りたい欲求を解放できる空間は貴重です。そしてその座っている人たちを、手前の高い場所から眺めることができるという、アレクザンダー的な風景になっています。僕らは、人を眺めることができる場所にもまた、心地よさを感じるようです。

●入口までのアプローチと植栽

写真9は東京都中央区・日本橋兜町の一角です。前に植栽のある真ん中の建物は飲食店として再生されています。この建物は区画を二つに分ける路地に沿って建っているので、車は入って来ず、お店までのアプローチが何とも心地の良い場所でした。界隈ではこのように、庭のない建物の前に木を植えてある家をいくつか見かけましたが、密集して家が建っていた江戸の下町において、暮らしに潤いを持たせるために家の前に植栽を置くというパターン

写真 10

写真 11

があったのかも知れません。

●隠された場所

写真10は大阪・上本町のハイハイタウンという地下街にある長い呑み屋です。そう、建物の中なのです。屋外にある呑み屋と比べると見劣りがしそうなものですが、通路と飲酒空間を隔てる仕切りがなく、のれんがあることによって外を通る人からは顔が見えません。そんな場所に人がずらっと並んでいる風景を見ると、この開放的でありつつ隠された場所は、人間の本能に訴えかける何かに届いているのだろうと思えます。

●屋外スタンド

写真11はＪＲ京橋駅近くにある露店居酒屋です。手前の道はかつての土手道で、車はあまり通らないので安心して呑んでいられます。マグロ、ウニ、イクラ山盛りのセットが人気メニューですが、この開放空間でお酒が飲めること自体がここの場所性を担保しています。どこの街でも見られる風景ではないのは、きっと現代の日本の都市空間で実現させるのが難しいからなんでしょうね。

写真 12

5 人がつながる空間をつくる

ソフトなまちづくりが生み出す風景

写真12は大阪府堺市・泉北高速鉄道泉ヶ丘駅前の広場で開催されていたイベントの様子です。市民プランナーの方々が人と人とをつなげるアクティビティを駅前広場に持ち込み、そこから地域にコミュニティを醸成していこうという取り組みです。

経年ニュータウンの再生には、新しい住民がこの町を選び、愛着を持って暮らすようになることが必要ですが、そのためにはもともとのつながりのない人たち、そして一日の大半をそこで過ごすことになる人たちが、楽しく充実した暮らしを送り、コミュニティに対する帰属意識を持てるようになることが大事です。人があつまる空間をつくることは、ソフトなまちづくりにおいて大きな役割を果たすのです。

僕自身もこうした場をつくる実践をずっと続けてきたので、まちを歩いている時にそうした場を見かけると、ひとごとではいられません。〝呼びましたよ

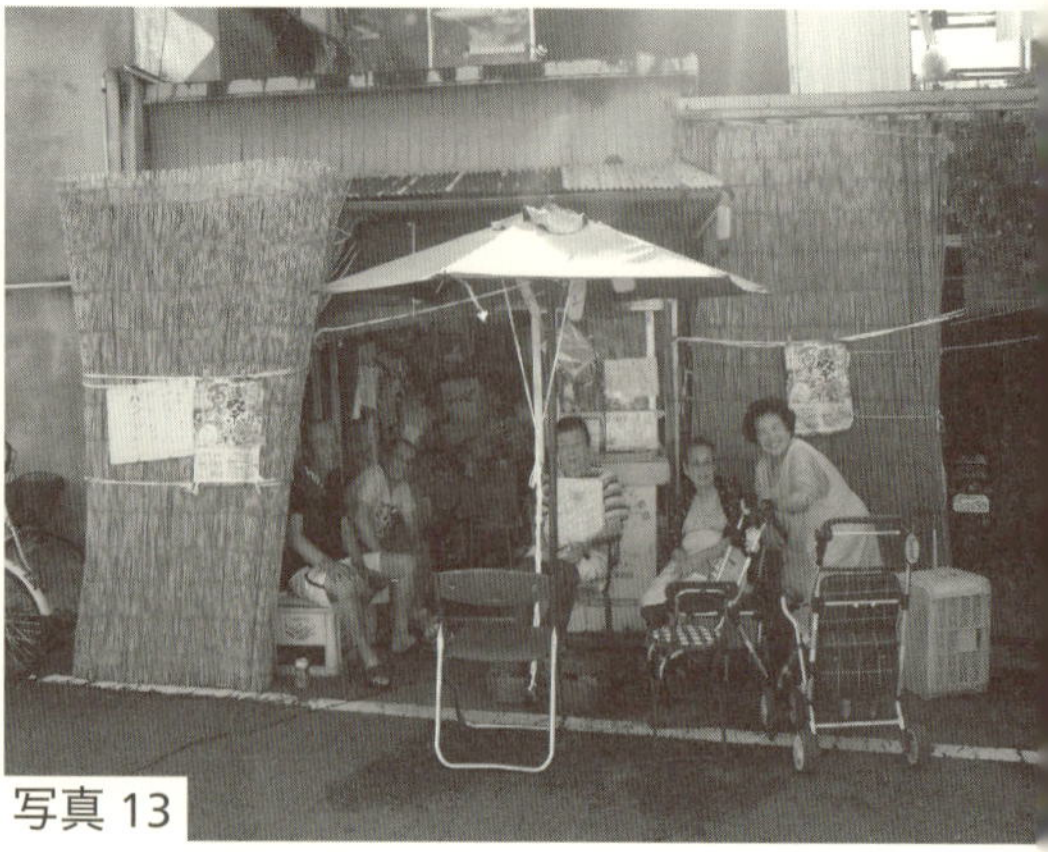
写真13

写真14

ね〟ぐらいの気持ちになり、ほぼ自動的に足を踏み入れてしまいます。

写真13は和歌山市にあるJR紀勢本線・紀和駅の近くで見かけた風景です。本来は花屋だそうですが、コーヒー、お茶、ビール、アイスクリームなども売っていて、近所に独りで住む年配の方々が集まってくるのだそうです。僕はアイスを買いに立ち寄り、そのまま輪の中に入れていただき、楽しいひとときを過ごしました。このお店があって良かったとそこにいた人たちみんなが思っているのが自然に伝わってくる、いいお店でした。

写真14は大阪のJR新今宮駅近くにあるセルフたこ焼きバーです。この日の店主はカナダとニュージーランドのハーフで、コンピュータ数学を専攻し、その方面の仕事をしていたそうですが、2017年に日本にやって来てここで働き始めました。界隈はかつては単身日雇い労働者向けの宿屋が集積するまちでしたが、近年はゲストハウスやホテルが増え、外国人観光客が集まるまちになっています。この日には身長が2mぐらいあるノルウェーの人たちの話をいろいろ聞いていました。こういう、普段出会いそうのない人と出会い、気軽に話ができる場所がもっともっと増えればと思います。

写真15

最後の写真15は僕が今滞在しているアメリカの写真です。合衆国北東にあるマサチューセッツ州ケンブリッジ市の、ある通りで開かれていた「ブロック・パーティ」の様子です。電信柱に貼ってあったチラシが気になり行ってみると、往来を止めて持ち寄りパーティが開かれていました。テーブルも椅子も料理も近所の住民が持ち寄り、集まった人たちで食べながら喋るというシンプルなスタイルです。通りかかると、〝Why not join us?〟と気軽に誘ってもらえたので、輪の中に入り話を聞いていました。

このイベントは毎年春と秋に開催され、もう20年近く続いているそうです。もともとは誰かの家の敷地の中で行っていたものを、市のイベントの傘の下に入ることで路上で開催できるようになったようです。僕が耳にしたのは、並べてある料理や今読んでいる本の話、近所にある料理屋の話、フットボールの今年の見どころ、あの人は最近どうしている、ニューヨークに住む娘の話、2年前に降った大雪の話など、とりとめのないご近所話です。「うちの旦那、料理好きはいいけど、作り過ぎるのよね」「あの人、本を貸してくれるけど、『あなたにはこれ』って決めつけるわよね」奥さんたちの無邪気な噂話にニヤニヤしながらその場の雰囲気を楽しんでいました。

実はこの「ブロック・パーティ」が始められた目的は、近隣の環境改善でした。20年ほど前までは、界隈では窃盗がよく起こっていました。また80年代、90年代には麻薬の密売人が出入りして治安の悪い場所も近くに存在していました。この試みは、地域の住民たちが環境を良くするために、顔の見える関係をつくろうと始めたのだそうです。

都市に関する多くの著作を残した作家・活動家のジェイン・ジェイコブスは次のように語っています。

都市街路の信頼は、街頭で交わす数多くのささやかなふれあいにより時間をかけて形づくられています。ビールを一杯飲みに酒場に立ち寄ったり、雑貨店主から忠告をもらって新聞売店の男に忠告してやったり、パン屋で他の客と意見交換したり、玄関口でソーダ水を飲む少年二人に会釈したり、夕食ができるのを待ちながら女の子たちに目を配ったり、子供たちを叱ったり、金物屋の世間話を聞いたり、薬剤師から1ドル借りたり、生まれたばかりの赤ん坊を褒めたり、コートの色褪せに同情したりすることから生まれるのです。

ジェイン・ジェイコブズ『アメリカ大都市の死と生』（山形浩生訳　鹿島出版会　２０１０年）

人と人とが、リラックスした状態で自然に話すことができ、つながっていける。そういう場は大きな投資などしなくても、参加する人たちが自発的に何かを持ち寄ることで生み出すことができます。そこで情報を交換したり、地域の問題について話し合ったりすることで、解決できる問題もいっぱいあります。そしてそこで生み出されたつながりが、まちへの愛着を生み出すのです。

そういう風景に出会うこともまた、まちあるきの醍醐味だと思っています。

コラム 京都・七条七本松の喫茶店の話

Walkin' About の途中に、京都市下京区七条七本松にある喫茶店に入りました。カレーが有名で50年以上前からやっているお店です。お店に入ると、中には店主しかおらず、ジャズが大音量でかかっていました。

僕はカウンターに座り、ホットを注文しました。店主はすぐにボリュームを下げようとしましたが、僕は「いえ、むしろこのままで」と。他のお客さんが入ってきた時には小さくされましたが、店主はその後、音源をCDからレコードに変えました。

僕がレコードのジャケットを見ていると、店主は「ミルト・ジャクソンやな」とポツリ。それはカウント・ベイシー・オーケストラとのセッションを収録したもので、僕は英語のライナーノーツを読み込みながら「コラボレーション版なんですね」と尋ねると、店主は「まあ、そうやな」と。鼻歌で歌いながら、テキパキと仕事をこなしています。

実は僕はそれまでに一度、このお店に一度来たことがあって、その時に店主に教えてもらったミュージシャンの名前をどうしても思い出せないでいました。店主は無言で、レコードを変えたり、ジャケットを目立つ場所に置き直したりしていました。他のお客さんは常連さんばかりで、スポーツ新聞やビッグコミックを読んでいたり、お客同士で喋っていたりするので、これらの動きは明らかに僕に向けられたものでした。彼はその時のことを覚えているのだろうか？

そんな緊張感のあるおもてなしをずっと味わっていたかったのですが、だんだんと再集合の時間が迫っていたので、お勘定をお願いし、

「実は6、7年前に一度寄せていただきました。その時に教えていただいたミュージシャンの名前がどうしても思い出せないのですが」と。

すると店主は、「その頃やったら、兄貴やな」と。

「お兄さんもジャズにお詳しいんですか？」

「ああ、僕よりも。もう亡くなったけどな」

当時のことを日記に残していなかっただろうかと探してみましたが、結局出てきませんでした。そしてその後足を運んでいなかったことを後悔しました。

まちを訪れるということは、こういう形で思いもかけない出会い、そして別れを経験することでもあるのですね。

おわりに

最後までお付き合いいただき、ありがとうございました。まちのリテラシー、芝居を観るようにまちを観ると言っていたこと、ご理解いただけたでしょうか？

実はこの本に書いてきた一つ一つは、都市計画、建築、土木工学、産業地理学などを学んできた方にとっては基本的なことなのですが、これらをまとめて分かりやすく紹介している本に僕は出会ったことがありませんでした。「ないなら書いてしまおう」というのが、この本を書いたシンプルな理由です。

現在、日本の多くの地域では少子化・高齢化・人口減少という大きなトレンドの中でさまざまな問題が起こってきています。高齢者の買い物難民の増加、都心での保育所の待機児童問題、高度成長期に建設された公共インフラの老朽化、中山間地域の限界集落化、郊外ニュータウンでの生活難と空き家問題などなど。そして今後は公共インフラの効率化、生活の利便性の確保のためにコンパクトシティ化が目指されている、といった話も耳にします。

こうしたマクロな課題に効果的に取り組むためには、そのことで実際に困っているのは誰で、具体的にどう困っているのかといった観察が必要です。またその解決には、どこにでも当てはまる解決策ではなく、地域の歴史、そこにある資源、住民のアイデンティティ、そして人間が持っているオーガニックな嗜好に立脚した個別解が必要です。そうした個別解の方向性は、住民が自発的な活動を通じてすでに指し示しているかも知れませんし、まちを詳しく観察することから見出せるものかも知れません。そして次にまちの空間を再編する機会が訪れるなら、それを専門家や行政の人たち任せにするのではなく、住民自身がどうしたい、どうすべきだと思っているのかを、抽象的な言葉だけでなく具体的なイメージとして示すことが大事です。いいかえると、暮らし手自身がまちのリテラシーを高め、さまざまなパターンを構成し、自分たち自身のビジョンを示すことが、まちづくりの民主化のためには欠かせないのです。

「芝居を観るように、まちを観る愉しみ」、つまりそれは、まちに埋め込まれた様々な伏線やまちに働く様々な力学を読みとき、まちの登場人物が語るセリフを重要なものとして受け取るということですが、この取り組みはその先に、これからのまちをデザインし、より豊かなものにしていくことにつながっていきます。

ご紹介してきた〝まちのリテラシー〟は、私たちがまちから見出せるもののほんの一部に過ぎませんし、分かりやすく簡単にお伝えすることを再優先したので、言葉足らずの部分も多々あるかと思います。今後、この〝リテラシー〟自体がバージョンアップされ、精緻化していくとともに、まちの観察から得られる気づきやそこから生まれるブリコラージュ的な解決策が、地域での暮らしをより豊かなものにしていくことを願っています。

この本の執筆にあたって数々のご教授・ご指導をいただいた大阪大学名誉教授の鳴海邦碩先生、関西大学環境都市工学部建築学科の岡絵理子教授、そしてWalkin' Aboutやマチ会議にご参加、ご協力いただき、「まちのリテラシー」の蓄積をともに進めてきていただいたみなさま、最後にこの本の出版にご尽力いただいた学芸出版社の編集者・岩崎健一郎さま、アップルシード・エージェンシーの栂井理恵さま、大変お世話になりました。ここに感謝の意をお伝えさせていただきます。

著者紹介

山納 洋（やまのう　ひろし）

1993 年大阪ガス入社。神戸アートビレッジセンター、扇町ミュージアムスクエア、メビック扇町、大阪21世紀協会での企画・プロデュース業務を歴任。2010 年より大阪ガス近畿圏部において地域活性化、社会貢献事業に関わる。現在同社近畿圏部都市魅力研究室室長。一方でカフェ空間のシェア活動「common cafe」「六甲山カフェ」、トークサロン企画「Talkin'About」、まち観察企画「Walkin'About」などをプロデュースしている。

著書に『common cafe』（西日本出版社、2007 年）、『カフェという場のつくり方』（学芸出版社、2012 年）、『つながるカフェ』（学芸出版社、2016 年）、『地域プロデュース、はじめの一歩』（河出書房新社、2018 年）、訳書に『分断された都市』（学芸出版社、2020 年）がある。

歩いて読みとく地域デザイン

普通のまちの見方・活かし方

2019 年 6 月 10 日　第 1 版第 1 刷発行
2021 年 4 月 10 日　第 1 版第 3 刷発行

著　者……山納 洋
発行者……前田裕資
発行所……株式会社 学芸出版社
〒 600-8216 京都市下京区木津屋橋通西洞院東入
電話 075-343-0811
http://www.gakugei-pub.jp/
E-mail info@gakugei-pub.jp

装　丁……よろずデザイン　中川未子
印　刷……イチダ写真製版
製　本……新生製本

ISBN978-4-7615-2707-5　　Printed in Japan